缪斯 MUSE 文库

博物馆学认知与传播
论丛

"记忆+创造力"

场域视角下的博物馆传播

"MEMORY + CREATIVITY"

A Museum Communication Study from
the Perspective of Field Theory

王可欣　著

ZHEJIANG UNIVERSITY PRESS
浙江大学出版社
·杭州·

图书在版编目（CIP）数据

"记忆＋创造力"：场域视角下的博物馆传播 / 王
可欣著. —杭州：浙江大学出版社，2023.3
ISBN 978-7-308-23272-2

Ⅰ.①记… Ⅱ.①王… Ⅲ.①博物馆—文化传播—研
究—中国 Ⅳ.①G269.23

中国版本图书馆 CIP 数据核字（2022）第 216917 号

"记忆＋创造力"：场域视角下的博物馆传播

王可欣　著

责任编辑	陈佩钰（yukin_chen@zju.edu.cn）
文字编辑	金　璐
责任校对	许艺涛
封面设计	雷建军
出版发行	浙江大学出版社
	（杭州市天目山路 148 号　邮政编码 310007）
	（网址：http://www.zjupress.com）
排　　版	杭州青翊图文设计有限公司
印　　刷	杭州高腾印务有限公司
开　　本	710mm×1000mm　1/16
印　　张	11.75
字　　数	192 千
版 印 次	2023 年 3 月第 1 版　2023 年 3 月第 1 次印刷
书　　号	ISBN 978-7-308-23272-2
定　　价	68.00 元

总　序

　　现代博物馆源自两个古老的传统,一个是以缪斯的名义出现的对知识和哲学的冥思,一个是以收藏柜为表征的对器物的收藏。这两个传统在很长时间内并没有交集,直到 16 世纪中叶基格伯格(Samuel Quiccheberg)做出最初的尝试。在基格伯格的时代,一种以剧场形式出现的讲演记忆训练中,物品作为帮助提示讲演人记忆的手段出场,物与思想发生了接触。从那以后,两者的结合一直是博物馆史的重要内容。经过几代人的努力,它们逐渐走向融合,并向着两位一体的方向发展。然而,只有当人们的观念突破了收藏物精美的外壳,将关注转向物质深处的精神内涵,并试图以知识和信息的形式将其提炼与揭示出来时,物与思想结缘的通路才被真正打开。从此,物品作为欣赏对象与作为启发思想、帮助理解的知识载体的双重身份出现了有机的结合。

　　这既是博物馆历史演变的趋势,也是博物馆现实发展的理想。依着这样的愿景,当观众进入一座优秀的博物馆,他不仅能感受到人类制造物的艺术魅力,满足欣赏与崇拜的愿望,也应该能在阐释的帮助下深入理解物品内部的知识、思想与情感的内涵,在智性方面有所收益。然而,在现实中,两者的结合还有待进一步的努力,尤其在中国,如何在欣赏物品的基础上强化展览的信息传播能力,提高观众的参观收益,是今后一个时期特别需要关注的方面。这就是本丛书产生的背景和目的。

　　在全球范围学习型社会建设的浪潮中,非正式学习的需求被极大地放大,博物馆作为一个高度组织化与制度化的非正式教育机构,如何满足这一需求,是一个必须应对的挑战。当公众带着更多学习与理解的诉求进入博物馆,他们会发现,在这一机构中学习与认知的过程是非常独特的,与他们日常的学习经验大相径庭:作为知识传播者的策展人并不像老师那样站在他们的面前,而是隐身幕后;作为信息传播载体的不是符号,而是物品;更大的差异是,如果说教室是为学习者提供的一个栖身空间的话,那博物馆展厅本身就如同教科书,成为学习的对象与内容。观众在书中穿梭，在行走与站立的交替运动中，对空间中呈现的物品进行观察、阅读和体验。在这个过程中，许多在日常学习行为中不曾遇到过的因素开始影响他们的学习，比如方向、位置、体量、光、色彩等。如果方向不对，叙事的顺序就乱了；如果位置不对，物品之间的逻辑关系就错了；如果光出现了问题，观众不仅觉得眼睛不舒服，而且也会对展览的重点出现误解。这种学习者所面临的"环境语境"是其他学习行为所没有的。

这一切都表明，尽管我们可以利用一般的教育学、认知学、心理学和传播学理论来帮助我们，但博物馆学习的独特性质仍然要求我们进行专门的、针对性的研究，并将其作为博物馆学研究的中心内容之一。没有对博物馆学习与认知过程独特性的研究与理解，我们的传播方法与策略就缺乏明确的标的，缺乏必要的有效性。所以，在这种情况下，首先要展开对博物馆学习与认知特点的研究，探明这一媒体与其他媒体在传播过程中的区别，为制定正确有效的传播策略提供依据。正因为如此，我们把博物馆学习与认知及其和传播的关系作为重要的学术内容展开研究，并期待有更多的学者关注这一问题。

传播效益取决于多方面的因素，这些因素贯穿在整个展览的建设与运营中。比如：如何通过前置评估了解公众的需求与愿望，并将他们的想法融入展览策划；如何在建构展览的结构和框架时将主题叙述的思想及逻辑要求，与博物馆学习的特点及公众的习惯、爱好相结合；如何规划与经营展览设计的空间，让观众觉得整个展览清晰流畅、层次分明、重点突出，并通过形成性评估来保证其落实；如何针对基本陈列展开适当的拓展式教育和相关的配套活动，使展览主题内容得以深化与拓展；如何通过总结性评估收集观众的意见与建议，进一步做好展览的调整与改善，以为下次展览提供借鉴；等等。所有这些，都直接影响到博物馆的传播效益，进而影响其社会效益的实现。

本丛书分为"译丛"与"论丛"。鉴于一些国家已经在博物馆学认知与传播方面积累了相对成熟的经验，为我们的探索提供了很好的借鉴，为此，"译丛"从理论与实践两个方面反映了当代西方博物馆学界的新观念、新理论与新实践。"论丛"则是国内学者在探索过程中的心得，尤其令人欣慰的是，作者大多是年轻人，其中有一些已经参与了大量的展览实践。衷心希望这套丛书能够为实践中的工作团队提供有益的启发，为中国博物馆事业发展的洪流增添美丽的浪花。

严建强

2018 年 3 月 30 日

前　言

　　博物馆是文化载体，它记录人类文明，是构成记忆传播与文明传承的场域。从"记忆"与"创造力"的互动关系出发研究博物馆场域，既探讨了如何运用创造力促进记忆的传播，也探讨了如何促进记忆向创造力转化，推动社会整体智识的发展。

　　基于场域理论，本书立足三个问题探讨博物馆传播。第一，媒介属性决定了传播场域属性，博物馆与一般大众传播媒介相比有哪些特殊属性？第二，探讨场域的动力机制问题：传播是如何发生的，有哪些特征和模式？第三，参观者既是场域行动主体，又是传播的受众，其有哪些行为模式？传播效果如何？

　　从英尼斯时空偏倚理论出发，分析博物馆作为媒介的特殊属性：博物馆是偏倚时间的媒介，媒介文本有较长时间跨度，有利于文明传承，不利于空间拓展。因而，要通过创新重构文本，弥合文本的距离与断裂。空间方面，革新固有的空间形式，构建虚拟空间，融合生活空间，使其具有空间偏倚的特征。

　　从传播过程来看，认知过程呈现具身性的特点，感知方式和身体动作会影响认知体验；参观过程伴随多重空间的感知，最终以场景和画面的形式储存起来，构成情景记忆；特有的秩序感和氛围感使传播具有仪式化的特征。从传播模式来看，包括投射性解码的人内传播模式、协商性解码的人际传播模式、基于基础陈列的异时性大众传播模式、针对特定受众和目的的分众传播模式以及沉浸传播模式。要通过创新性的传播实践，整合多种传播模式，让参观者最大限度地生成具象化、体感化的认知，获得多维度多层次的空间感知，并在仪式化的传播过程中找到、感受博物馆特定的秩序、氛围与文化认同。

　　社会经济、价值认同、他人互动以及以往参观的经历等多种因素广泛地影响着参观者的心理过程、行为方式和参观效果。对参观者而言，通过参与传播把博物馆所承载的集体记忆内化为个体记忆，并通过认知的充盈、情感的活化与心流体验，实现创造力的酝酿。

　　本书立足传播学，将经典理论、前沿理论与博物馆实践整合起来，具有理论和实践的双重价值。

目　录

第一章　导　论

第一节　研究缘起

博物馆是文化载具,承载集体与社会的记忆。从 1905 年清代末年张謇创办中国第一座博物馆南通博物苑到现在,中国博物馆已经走过百余年历程,如今迎来了大发展时期。

我们可以通过一组数字来了解博物馆在中国的发展状况。首先是博物馆的数量。1949 年以前,全国总共只有 21 家博物馆;1980—1985 年,中国博物馆发展进入博物馆建设高潮,平均每 10 天就有一座新的博物馆落成,而在 1984 年平均每两天半就有一座新博物馆出现(克利福德,2011)。尤其是近 10 余年,中国博物馆数量的增长更是刷新了历史纪录:国家统计局相关文化板块的博物馆年度统计数据显示,截至 2016 年,博物馆从 2007 年的 1722 家增加到 4109 家,平均不到两天就有一座博物馆落成。根据国家文物局原局长刘玉珠的说法,截至 2018 年底,中国博物馆数量已经超过了 5000 家,在过去的 40 年里增长了 14 倍。[①] 根据 2020 年国家文物局公布的《全国博物馆目录》,全国登记在册的博物馆数量已经达到 5535 家。[②]

其次是博物馆的来访人次。根据 2017 年主题娱乐协会(Themed Entertainment Association)联合全球著名咨询公司 AECOM 发布的《2016 全球主题公园和博物馆报告》的数据,在全球来访人次最多的 10 个博物馆当中,中国的博物馆占据两席,分别是中国国家博物馆和上海科技馆。其中,中国

[①]　http://www.rmzxb.com.cn/c/2018-12-06/2234838.shtml。

[②]　http://www.gov.cn/zhengce/zhengceku/2020-05/22/content_5513734.htm。

国家博物馆以 755 万来访人次位居世界第一,首次成为全球游客量最大的博物馆。从全国总体的统计来看,博物馆的参观人数从 2007 年的 25625 万人次,以快速稳步的增长速度,增加到 2016 年的 85061 万人次,是 10 年前的三倍还多。这两组数据说明,中国迎来了空前的博物馆大发展时期。

时代的发展走向影响着我们对博物馆的认识,博物馆的定义经历了数次修订。目前国际上广泛接受的定义是:"博物馆是为社会及其发展服务的非营利的永久机构,并向大众开放。它为研究、教育、欣赏之目的征集、保护、研究、传播并展示的人类及人类环境的物质及非物质遗产"(张子康等,2011),博物馆学论著中通常引述这个定义或将此作为参照。这一定义代表了我们对博物馆性质和功能的一般看法,基本准确地揭示了博物馆在智识发展和日常生活中的地位,以及与社会进程的关系。其中,"传播"二字指明了博物馆的媒介属性,博物馆学学者梳理了博物馆发展的历程后提出,博物馆在经历了从"公共化"到"社会化"的过程之后,"媒介化"属性越发显著(严建强,2016)。

从 20 世纪 40 年代至今,博物馆学学者采用经典的传播学理论和传播学范式对博物馆进行了广泛的研究。尽管博物馆的媒介属性日益凸显,然而它始终区别于一般意义上传播学的研究对象——(传统或新)媒体。既有研究没有对博物馆特殊的媒介属性进行透彻的分析,由此建构的理论便难以全面把握博物馆传播的特殊规律。此外,当前的博物馆实践已经超越了学界对博物馆的认识,迫切地要求研究者用新的理论视角看待博物馆。

每年 5 月 18 日为国际博物馆日,我们可以从国际博物馆协会(International Council of Museums,ICOM)每年设定的国际博物馆日主题中,一窥博物馆的发展进程。2013 年,国际博物馆日的主题是"博物馆:记忆 ＋ 创造力＝社会变革"(museum:memory ＋ creativity＝social change),阐明了博物馆是集体记忆的载具,在创造力的赋能之下,能成为变革社会进程的积极力量。

"记忆""创造力""社会变革"也是启发笔者思考博物馆媒介属性、博物馆传播、博物馆与人和社会关系的突破口。具体而言,"记忆"对应的是博物馆这一媒介所承载的媒介内容;"创造力"对应的是博物馆这一媒介在传播技术的推动之下,形成的创新性传播主体、传播方式、传播手段与传播形态;"社会变革"则指研究主题中的博物馆对人和社会形成广泛的社会影响,博物馆作为不断发展的文化机构,对个体和人与人关系的影响,以及对社会生活各方面的重塑。

值得一提的是,博物馆虽然是保存人类集体记忆的媒介,但并非传统传播学研究中的研究对象,把博物馆作为传播学研究的主题似乎是一个"非主流"的选择。除了此前谈到的,博物馆的发展迫切地需要学界和业界以新的理论视角审视博物馆,本书还对李金铨关于传播研究"内卷化"(involution)不断加重的反思做出回应。具体而言,传播研究的内卷化指的是当前的传播研究逐渐表现出丢弃施拉姆时代力求与别的学科接枝的传统(如社会学、政治学、心理学等)的迹象,变得"纯粹从传播看传播",如此下去必将使得传播研究日益封闭、相互隔离,最终丧失了活力和创造性(李金铨,2014)。把博物馆当作一般而又特殊的博物馆进行研究,是笔者立足传播学的理论尝试。

第二节　研究回顾

一、经典传播理论与博物馆传播

借鉴传播的经典理论、采用传播研究的经典范式开展的博物馆研究颇多。国内外博物馆学学者汲取了"议程设置""5W 传播理论""传播的仪式观"等理论的精华,探讨博物馆展览展陈的策略和传播要素的运用以及博物馆作为文化机构对文化和社会的微观和宏观影响。博物馆的受众研究,究其起点,是早于传播学的诞生的。它采用心理学的视角和范式,对参观者开展了由浅至深、由表及里、从行为到认知的递进式研究。前人的发现对当前的研究具有相当的启发,以下是对国内外博物馆上述传播研究的综述。由于新媒体技术全面地影响着传播的方式和形态,相应地,博物馆学领域的传播研究也对"数字博物馆""虚拟博物馆"等相关议题进行了探讨。

（一）议程设置的博物馆传播

有学者从议程设置理论出发，以希腊雅典的卫城博物馆（Athenian Acropolis Museum）为例，分析博物馆作为文化机构，如何通过博物馆特展、发展特殊教育服务项目，从而引发公众对特定文化议题的关注和讨论（Zakakis et al,2015），并结合市场营销的策略、吸引目标合作伙伴，影响公共决策。该研究认为，博物馆作为能够设置议程的媒介，有能力改变社会公共文化领域中重要决策的制定。

王璐（2014）以上海鲁迅纪念馆为例，从分析"参观路线"出发，探讨博物馆如何利用议程设置的方法摆脱原先以意识形态、政治宣传为主的策展理念，转为"以人为中心"回归理性的传播策略。在原先的策展方式中，展品是割裂的，缺乏故事主线，展室之间也没有逻辑关系。而当下的策展方式是基于一个故事框架，通过变换展品的次序、突出特定展品的方式让部分内容得到参观者更多的关注，也希望通过这种方式来对抗互联网传播时代信息碎片化的现象。

博物院研究学者李秀娜也把博物馆的传播过程比作议程设置（李秀娜，2016）。博物馆的展品如果不加组织，就是一座杂乱无章的仓库，策展人所做的是选出公众需要以及想要的展品，并对这些展品的重要性和显著性赋值，通过这样的方式影响公众对相关文化内容的感知、态度甚至是行动。与新闻传播学者讨论的议程设置有所不同的是，博物馆开展议程设置的对象不是当下、新近发生的事件，而是早已过去的历史或艺术内容。博物馆如同新闻媒介一样，不是"镜子式"地呈现历史和艺术作品的原貌，而是有所取舍。取舍的依据是博物馆的办馆方针，或"策展框架"，博物馆通过选择展什么、以什么形式策展，撰写展品的讲解词，赋予展品特定的逻辑和秩序，并通过这种方式来影响参观者对相关历史和文化内容的认知。由于承载历史和文化内容的展品本身并非不言自明的，因而博物馆对塑造公众对特定事件的看法具有显著的影响。

刘榴（2017）对安徽博物院官方微博的推文进行了文本分析，并采用议程设置的理论来分析博物馆发表的推文与参观者所讨论话题的热度之间的关系。芦敏（2013）探讨了中国茶叶博物馆如何通过选择茶文化的议题，用主题性的策展方式凸显所选议题,将之与社会热点问题联系起来,影响公众对于某类茶文化主体的关注和认知。

从现有研究来看,博物馆的议程设置既有从微观入手,通过对展品的筛选、凸显,影响参观者关注什么,如何理解展品;也有把博物馆视为积极的文化机构,分析博物馆如何影响社会的文化导向和重要决策。

(二)仪式观的博物馆传播

凯瑞(Carey,2005)区分了传播的传递观和传播的仪式观。后者是对当时在大众传播领域占主导地位的传递观的挑战。他认为,"传递"是信息在空间上传递和发布的过程,并通过这种传递和发布,达到对空间距离和人的观念的控制;相反,传播的仪式观认为,"传播是人类的生活离不开的仪式活动",是"以团体或共同体的身份把人们吸引到一起的神圣典礼"。在他的定义中,一切文化传承活动都是传播行为。

邓肯(Duncan,1995)是最早从仪式的角度分析博物馆传播过程的博物馆学学者,在《作为仪式的艺术博物馆》(*The Art Museum as Ritual*)一书中,他探讨了博物馆陈列可以被视为仪式发生的背景,博物馆的外在形态具有仪式发生场的特征,内部有空间舞台布景的元素,是民间仪式的发生地。此外,艺术博物馆中仪式化的传播是资本主义文化对外传播的有效方式。

弗雷(Fraser,2004)通过戏剧来隐喻博物馆传播。博物馆展品和空间营造出象征性表演(symbolic performance)空间,引导参观者进行美学和社会仪式的感知,以此来强调博物馆参观并不只是知识和信息的获取,仪式化、戏剧化才是参观体验最重要的环节。

巴雷特(Barrett,2011)分析了艺术博物馆作为公共仪式的场所,如何培育出理想的公民。展览采用一系列的叙事策略传播某种特定的文明观,这些策略倾向于证实而很少颠覆当前对某种文化主流的看法。这一发现与凯瑞的观点是高度契合的,仪式是为了"确认"某种观点,而不是为了去颠覆它。

国内博物馆学学者姚远(2017)以艺术博物馆为例,提出艺术博物馆的参观过程像是文明仪式的朝圣过程一样,其传播效果在于启迪心灵和净化精神。博物馆宏大森然的建筑风格,一系列的参观礼仪,衣着统一、行为规范、不苟言笑的工作人员，以及不允许拍照等规则都增加了庄严的气氛。通过博物馆的窗口从内向外看去，馆内陈设、灯光与馆外强烈的生活气息和日光形成对比，营造了一种跳脱日常生活之外的凝重和肃穆的气氛。展馆中大量的参观者，他们的行为举止无形之中构成了相互参照的外部环境，例如应该低声细语而不是高声交谈，想要拍照时恐怕还会忌惮周围人的眼光。可以说，博物馆的空间和陈列构成了仪式的场所和朝拜的对象，而处在同一场域和空间中的参观者则是仪式的群演，小心翼翼地遵守着仪式的规则脚本。吕睿（2010）则论述地方综合博物馆储藏地区特有的文化，是地方集体文化的记忆所，通过仪式化传播的方式将人带回到文化最原初和本质的体验中。

纵观这一理论领域的研究，学者们普遍认为博物馆是一套符号体系，这套符号体系像詹姆斯·凯瑞所列举的其他诸如新闻事件等符号体系一样，其作用并非为了提供信息，而是一种确认；并非为了改变人们的态度或者思想，而是维护社会中事物的基本秩序；并非一定是为了履行某种社会功能，而是为了表明一个正在进行中的、容易消逝的社会过程。

（三）5W 视角下博物馆信息传播模式

关于博物馆信息传播模式的研究较为充分，国内博物馆研究者黄洋（2017）对此进行了较为全面的综述。最早将博物馆信息传播模式作为研究问题的是邓肯·卡梅隆（Duncan Cameron），他把香农（Shannon）的信息传播模式进行了博物馆化的解读，后来，他把反馈模式加入先前的模式中。克内兹（Knez）和莱特（Wright）对信息传播模式的贡献是区分不同博物馆类型的信息传播模式，如历史类博物馆与艺术类博物馆的信息类型与传播路径是不同的。艾琳·胡珀-格林希尔（Eilean Hooper-Greenhill）首次把传播学中解码的概念引入参观者对展品内涵和意义的解读行为中，提出参观者是展品积极的解码者，对展品的理解受到自身教育背景、需求等多方面因素的影响。这一转变无疑对应着传播学自身的发展脉络，即从"魔弹论"的传播效果观转变为有限效果观，逐渐地开始采用个体化的视角去分析信息传播过程中受众对内容的解读。国内的博物馆研究者论述了博物馆信息传播存在"单向直线""双向循环""多向互动"的模式。黄洋（2012）提出了二级效果理论，论述了参观者从博物馆基于调研构建的文本信息出发,经过创造性的解读、选择性的记忆,完成了对文本的深层理解与升华。

直接用拉斯韦尔的 5W 传播理论探讨博物馆信息传播的博物馆学学者是江海静(2016),这一做法虽然有助于理清博物馆的传播思路,但先入为主地就把传播者(who)的位置赋予了博物馆工作者,特别是负责陈列和策展的工作人员,忽视了参观者在传播过程中可能的积极的传播者身份(高盛楠,2017)。

(四)博物馆受众研究

随着"新博物馆学"取代"旧博物馆学",研究者的关注点也发生了从"以展品为中心"到"以人为中心"的转向,这里的人指的是参观者。这也是博物馆传播研究重要的转折点(Tan et al.,2008)。博物馆的受众研究也较为丰富。尹凯(2015)对此进行了较为全面的梳理,特别是清楚地描绘了该领域的发展脉络。

1880 年,英国利物浦博物馆率先对参观者开展了相对全面和深入的调查。1897 年,德国的博物馆研究者开始使用问答的方式了解参观者对于展品的反应。随着心理学、教育学方法的推进,以及把博物馆作为开展公民教育的文化机构,受众研究越来越专业化和系统化。例如吉尔曼(Gilman,1916)率先提出了博物馆疲劳(museum fatigue)的概念,他自己通过参与式观察的方法开展研究。

20 世纪 30 年代,心理学家提出了考量博物馆魅力的基本概念,以此作为对博物馆进行评估的维度。进入 40 年代,博物馆的受众研究开始从研究参观者的行为层面推进到思想层面,受众研究成为博物馆教育效果的核心工具,用来确保参观者能真正从博物馆的教育中学有所获。

从 20 世纪 60 年代开始,社会科学研究中的问卷调查法逐渐运用到参观者的受众研究中。但这一时期,问卷中涉及的变量多是社会经济层面的变量,例如法国社会学家布迪厄通过 20 多次、对 9000 多位欧洲博物馆参观者的问卷调查发现,参观者的社会阶层、受教育水平等社会经济因素会显著地影响参观者的行为,如逗留时间、参观者选择的陪同人员及其属性和参与的程度等。布迪厄的研究开创了博物馆受众研究的新时代,后来的研究广泛地效仿他的做法，把人口、社会、经济的因素作为考察的主要方面（Bourdieu，1990）。但这一做法限制了研究者进一步发掘影响参观者体验的深层次原因。博物馆研究者开始采用生态的视角，将参观者及其社会角色、动机和环境等因素统合在一起，并提出了互动的体验模型（Falk et al.，2010；Falk，Dierking，2013）。

近年来，对于参观者参观之后的效果研究从单纯评价满意与不满意发展为涵盖感官体验、知识获取、美学享受和社会效用等层次和视角丰富的研究。受众研究开始高度聚焦参观者的感受，与此相应的是，专门性研究中心的出现使得受众研究呈现出规模化和系统化的特点，从而有效地帮助区域博物馆共同进步（于淼，2015）。

从研究方法来看，博物馆受众研究趋向于质性研究方法与量化研究方法相整合的态势，并结合新的技术手段，从开始的摄像摄影到后来利用可穿戴设备对参观体验进行实时的评估和抓取，使得受众研究包含动态的视角。此外，随着人文社科发展研究取向的变化，博物馆的受众研究也从过去"身心二元"的谬误中解脱出来，出现了"身体转向"，从原来认为参观者是毫无作为的静观发展到积极主动的情感参观（王思怡，2017a）。刘欣（2016）率先采用"使用与满足"理论，从参观者进入博物馆、选择展品的动机探讨获得满足的过程以及学习的体验，为受众研究打开了新的维度。研究者们也开始在研究过程中结合新媒体平台获取受众诸如需求、动机和其他心理特征的非结构化数据，结合服务类网站搜集参观者实时的、真实性的反馈，为受众研究提供宝贵的资料。

（五）博物馆新媒体传播

博物馆的新媒体传播，指的是博物馆利用数字技术、以互联网为依托开展的创新性传播实践。1992年，联合国教科文组织启动了名为"世界记忆"的博物馆发展与创新计划。接下来的数年中，各国分别推进了这项计划的博物馆实践。例如，美国率先落地了博物馆的互联网系统，实现了馆藏的跨时空展示。很快，世界各地的博物馆都开始逐步推进数字博物馆的发展进程。例如，卢浮宫设立了网络博物馆，使得参观者能通过互联网实现3D的虚拟参观。博物馆的数字化进程也基本遵循从建设网络数据库，再到发展3D虚拟展厅的模式(高薇华等,2015)。

博物馆数字化传播实践使原本的"文物—人"的传播方式转化为"博物馆—数字—人","数字"这一过程要依托互联网和多媒体终端来实现,有效地拉近了博物馆与参观者之间的距离,也极大地丰富了博物馆与参观者之间的联结方式(陈曦,2017)。

此外,宋向光(2015)认为博物馆要充分利用移动互联网等手段,让参观者积极主动地参与到创作当中,例如,利用社交网站的社交功能激发参观者开展线上线下的互动和交流。魏文静(2016)强调虚拟现实能够帮助传统的博物馆构建虚拟空间,从而实现沉浸式和互动性的传播。苗岭和周东梅(2016)研究了美国新闻博物馆的新媒体展厅,分析了博物馆如何用新媒体技术增强参观者的社会临场感,强化参观者的选择性注意的认知特征,激发参观者对新闻探索和发现的热情。

英国博物馆学学者基德(Kidd,2014)提出博物馆是一种特殊属性的媒体,而博物馆人就是媒体制作人(media producer),当今的博物馆研究必须融合新媒体和数字人文的视角。她发现,博物馆能借力社交媒体,让多元的受众展开对话,这些实践将为民主的形式注入新的可能。她还强调,数字技术从根本上重构了博物馆空间,这种重构使得博物馆成为一个沉浸的、充满趣味和创造性的、拥有弹性边界的场所。

博物馆学学者利用可移动的虚拟博物馆展现了数字技术在挖掘和展现藏品隐性联系、联结不同博物馆等方面的能力,提出利用数字和虚拟技术构建面向特定受众群体开展情景内嵌、强化体验的新学习模式(Graf et al.,2016)。经过实证研究和评估发现,这种学习模式对于学习内容的记忆保持有突出的效果。

二、前沿传播理论与博物馆传播

(一)认知传播学兴起

从2014年开始,传播学领域关于认知传播学的相关探讨和研究呈现井喷式的增长,认知传播学日渐成为传播学版图中不容忽视的内容(欧阳宏生等,

2015)。具体而言,认知传播学涉及关于认知神经(cognitive neurology)、情景认知(episodic cognition)、认知语言(cognitive language)等方面的讨论。

在认知传播学相关研究发展的脉络中,探讨身体和环境因素对传播过程和认知过程的影响标志着研究进入一个新的阶段。与此相关的研究倡导嵌入(embedded)认知、具身(embodied)认知、生成(entacted)认知、延展(extended)认知和情境(situated)认知整合,提出了所谓的"4E＋S"的理论框架。

欧阳宏生等(2016)厘清了认知传播学中的几大核心概念。"认知"是一个看似简单实则非常复杂的过程。总体来说,认知过程共包含三个阶段,分别是"感知"(perception)、"认识"(cognition)、"表征"(representation)。感知过程中包含视觉、听觉、触觉、嗅觉、味觉五大感官通道,感知过程是人形成主客体意识的前提。"认识"是"感知"的下一个阶段,通常以语言为中介,使人的内部感知系统与外在的客观世界得以沟通。"表征"是认知过程的第三个阶段,是"认识"完成之后,由内向外的信息输出系统,经由这个系统,人的感知和认识得以抽象化、被赋予特定的意义,并以某种符号表示出来。

当前认知传播研究中存在三种不同的取向,分别侧重对不同传播面向的探讨(邵培仁等,2016)。第一种研究采取微观的视角,聚焦人作为传播过程中的传者与受者,自身的认知机制是怎样的,以及这样的认知机制是如何形成的。相应地,这一领域的研究关注人的感知系统、神经活动和脑的认知机制。第二种研究采用比较宏观的视角,探讨大众媒介的传播活动对文化和社会构成的长期影响。例如,大众媒介如何通过传播活动构造社会环境,从而影响人们对社会整体氛围的感知。第三种研究取向,探讨媒介内容对受众产生的具体影响,与第二种研究视角相比,是比较微观的。这一领域的研究关注媒介内容的形态、特点如何影响受众的认知过程和认知结果,例如媒介的呈现方式如何改变受众的态度、思维过程等。

喻国明聚焦认知神经传播学,提出认知神经传播学为传播学提供了一套全新的研究工具体系,也从认识论层面为传播学提供了全新的研究视角。具体而言,认知神经传播学将针对受众的研究从意识层面深入潜意识层面,将效果研究从短期、中期和长期的视角拓展为包含瞬间效果在内的更加系统与完整的视角(喻国明,2018)。

认知传播既是传播学版图中日渐显著的议题,也是博物馆传播领域探讨的热点。博物馆学研究领域具有重要影响力的中文学术期刊《博物院》,在2017年3月刊中设立了"博物馆认知与传播"专题。同年4月,以"认知传播"为主题的博物馆国际学术研讨会聚集了国内外博物馆学学者、博物馆从业人员,研究者从参观者的认知特点、博物馆传播实践的相关理论、策展中的设计与实践等多个方面的议题进行了深入讨论(胡凯云,2017)。

关于参观者认知特征的探讨,主要聚焦在以下两个方面。第一,参观博物馆与消费其他媒介最显著的不同在于展览陈列方式的"静态独立"与参观者参观过程的"连续动态"之间的对立(严建强,2020)。理解这二者之间的对立是制定博物馆传播策略的前提。因而,有学者提出在空间中建构多重叙事、融入丰富时间线索,激发参观者形成自己"完型化"的认知(许捷,2017)。有学者聚焦参观博物馆的儿童,探讨策展方式要符合儿童的认知规律(周婧景,2020)。与此相关的,有学者分析父母的元认知水平与儿童学习效果的相互关系(傅翼,2020)。第二,就认知过程而言,对感官的详细解析是理解认知的首要环节。中外博物馆均有通过五大感官通道的调动,实现吸引参观者注意,进而引导参观者产生"质疑""沉思"等深层认知过程的实例(郭世文,2020;王思怡,2017b)。

"具身认知"是认知神经科学的重要部分,当前,在认知传播学领域中,学者对相关议题的探讨还处于相当初级的阶段。在博物馆学领域中,有学者以"具身认知"为视角,探讨博物馆传播的展览阐释、多感官感知和展览设计的议题(王国彬等,2018;王思怡,2016a;周婧景,2017)。然而,从总体上看,无论是认知传播学领域还是博物馆学领域,关于具身认知的研究还是零散的,尚未形成体系。

(二)场景与场景时代

2014年,随着罗伯特·斯考伯和谢尔·伊斯雷尔的《即将到来的场景时代》一书出版,"场景"开始成为学术研究的热点,并在持续升温。

事实上,芝加哥大学的特里·N.克拉克从更早的时候就开始探讨场景并尝试将之理论化,虽然中文翻译都是场景,但区别于《即将到来的场景时代》中论述的场景(context),特里的理论中场景对应的英文单词是scene,他认为场景是由区域、空间和网络要素构成的，并且探讨场景离不开对文化元素和美学元素的分析（特里等，2017）。具体而言，场景的要素包括地理学概念上的空间范围，范围的确定便于分析场景内与场景外的区别；包括实体的建筑，场景是内嵌在可识别的、有形的空间当中；包括来自社会各阶层、职业、性别和种族的人，特定场景离不开特定的人，还包括把各种要素联系在一起的活动。这些要素共同建构了场景和场景价值。

彭兰提出，移动互联网时代，空间与环境、用户的实时状态与生活惯性，以及社交氛围，共同构成了场景。当前，"场景"对于一切媒体都将构成新的核心要素。从场景（context）的英文原意来看，也有"情境"的意涵，情境相对于空间所指的场景，更多地用来描述人的心理需求和行为特点。当然广义上的"场景"，应该既涵盖空间，也涵盖与之相联系的心理与行为氛围（彭兰，2015）。相比较而言，移动互联网之下的场景，弱化了对固定空间和实体建筑的关注。

博物馆与两种意义上的场景都有密切的联系。通常意义上讲，参观博物馆需要进入博物馆的展馆中，这个展馆就是特里所指的固定的、有范围的、有内外之分的、有形的建筑。人们参观完博物馆数日、数月乃至数年之后，回想起参观时的情景，往往是一幅幅画面，也就是心理学意义上讲的，基于特定时空关系建构的"情景记忆"，既包含展馆中的空间元素，也糅合了参观者当时的心理状态和行为。从空间和环境这两个要素来看，博物馆既属于固定场景又属于移动场景。说其属于固定场景，是因为博物馆的场馆空间本身是固定不变的，在物理状态上是恒定的；而说其是移动场景，是因为参观者在博物馆中的状态是运动的，参观者通过站立和行走的交替，完成与博物馆空间的交互。

当前，数字和虚拟博物馆的出现，使得博物馆传播越来越具有移动互联网语境中的场景的特点。根据罗伯特·斯考伯所提出的"场景五力"，五种科技力量会对场景起到至关重要的影响，分别是移动设备、社交媒体、大数据、传感器和定位系统。这些要素在博物馆传播中已经开始得到应用。

特里发现，场景理论已经在博物馆的传播实践中得到了很好的应用。他用几个案例阐释了发掘场景新动力能让参与者更好地感知场景。例如，博物馆实践者在艺术博物馆中提供了音乐、舞蹈和餐饮服务，从而让参观者获得层次丰富的情感体验。又如，古根海姆博物馆创造性地融入了摩托车元素；

美国一知名歌手在纽约大都会博物馆年度颁奖典礼上虽然身着奇装异服,但与博物馆场景中的美感与价值是协调的,从而增强了参观者的总体体验(特里等,2017)。

三、记忆与创造力的研究

(一)记忆

关于记忆的研究有心理学和社会学的传统。前者主要关注个体记忆,而后者则关注集体记忆。在心理学研究中,记忆是人脑的功能。与集体记忆相对应,心理学研究者关注的是自传体记忆(autobiographical memory),把记忆当作个体加工、组织、存储个人生活事件的心理过程,记忆的对象主要是个体的生活经验,而心理学家研究的是个体如何组织记忆内容、如何建构自己过去的生活经验和情绪情感,最终建构自己生活的意义(黄先伟等,2010)。

在社会学领域,记忆通常是从群体的角度被研究的,集体记忆(collective memory)作为一个学术概念被体系化地分析,始于法国的历史学家哈布瓦赫。在《论集体记忆》一书中,哈布瓦赫率先提出,记忆是社会的产物,具有社会性。他强调,所有记忆只有在一定的社会环境与社会机制下才能产生与延续(哈布瓦赫,2002)。在任何一个社会组织(群体)中,无论是家庭、家族,还是国家、民族,都有相应的集体记忆来凝聚这个群体。集体记忆之所以能够形成和延续,是因为"历史知识"能够形成个体的自我认同。群体内部的成员可以通过分享集体记忆,产生归属和认同,正是归属和认同才让集体成为可能并且更加稳定。

集体记忆往往是超越个人日常生活的,超过个体生命周期、脱离日常生活的集体记忆必须在一定的空间维度中不断被创造、实现延续和再生(阿斯曼等,2015)。在传统社会当中,人们需要以口口相传的方式,用神话故事和传说来维系记忆,随着现代化的发展,这些记忆被边缘化并且逐渐消亡,要借助外在媒介来保存。

博物馆就是外在于个体的"记忆之场"(或翻译为"记忆之所",lieux de memoire,site of memory)(诺拉等,2015),与纪念碑、公墓和遗址等一样,充当储存集体记忆最值得信赖的媒介,成为现代社会的记忆器官。通过展品和叙事建构记忆，用"历史证据"证实一段真实发生过或正在发生的人类进程，植入或激发人们的集体历史记忆，作为当时的社会状况与思想的一种反映，也构成集体记忆。从集体记忆到个人记忆，必须借助具象或可见的文字、物品和图案来唤起集体记忆和建构个体记忆。参观博物馆、看照片、读历史书，都是个体唤起、更新甚至"创造"记忆的方式（王明珂，2006）。

除了从个体和集体的角度解读记忆，心理学家从记忆内容的加工方式等角度，也把记忆分为情景记忆（episodic memory）和语义记忆（sematic memory）、陈述性记忆（declarative memory）和程序性记忆（procedural memory）、内隐记忆（implicit memory）和外显记忆（explicit memory）等类别。

其中，情景记忆和语义记忆与本书有密切的内在联系。具体而言，参观者造访博物馆常常是带着求知的目的，希望获得关于这个世界的各种知识。而语义记忆是关于"世界的知识"（knowledge of the world），包括对概念（concept）、事实（fact）等知识的记忆（董艳娟，2006）。同时，日常生活经验告诉我们，参观博物馆有时并没有获得什么具体的知识，博物馆里特有的氛围和场景，常常是人们流连忘返的原因，参观者在某个瞬间被某件展品所触动，在脑海里留下了深刻的印象。相应地，情景记忆指的是人们亲身经历的、根据特定的时空关系而建构起来的记忆。

本书中所提到的"记忆"，涉及多个层面的内涵。既指博物馆展品所承载的集体记忆，也包含参观者头脑中形成的个体记忆；从形态来看，既是语义的，又是情景的；展品所承载的记忆内涵通过参观者的理解和消化，经由认知的信息加工系统成为语义记忆；也可以通过参观者对空间场景的感知，建构为情景记忆。

（二）创造力

创造力（creativity）的概念最早可以追溯到公元前，亚里士多德曾对创造力下过定义：创造力就是产生"前所未有的事物"（张庆林，2002）。而创造力的概念真正广泛地进入大众和研究人员的视野，则要归功于美国心理学家吉尔福德（Guilford）。他曾在1950年就任美国心理学会（American Psychology Association）主席时发表的演说中提到，创造力是人类不可忽视的重要品质（Guilford，1950）。

　　创造力的具体内涵在不同的研究领域中存在很大分歧,大体上分为个人取向和社会取向,前者指个体产生新颖的、具有使用价值的观点或产品的能力(Sternberg et al.,1999),后者关注激发创造力的宏观社会环境,探讨什么样的环境能够激发个体的创造潜能(徐雪芬等,2013)。

　　研究个体创造力的领域中,心理学家齐克森米哈利(Csikszentmihalyi,2014)在《创造力:心流与创新心理学》(Creativity:Flow and the Psychology of Discovery and Invention)中提出,创造力的激活往往伴随着"心流"(flow)的产生。心流是齐克森米哈利的重要理论构想:出现心流体验时,人会浑然忘我、心无旁骛,完全忘却周遭其他事物和时间的存在,整个身心都能发挥到极致状态。一旦能处在身心合一、专注投入的状态,创造力就会勃发。因而,创造力既是一个思维过程,也是一个情感过程。思维方面,要有足够的知识储备,并且认知功能处于活跃的状态。情感方面,要处于有利于创造性思维和行动发生的情绪状态,通常来讲,是处于较为积极的情绪中。心流是人达到忘我境界,创新性思维往往伴随着心流产生。

　　社会学家和经济学家在地区或国家的层面上考量创造力,如从社会环境的视角分析宏观环境对于社会整体创造力的促进和抑制作用。创意经济学家佛罗里达(Florida,2002)提出了著名的3T理论,分析地区宏观要素对促进创意经济的影响。

　　无论是哪个研究视角,研究都经历了从单一的角度考察创造力,逐步认识到要从系统的视角解读创造力:第一,创造力不仅依赖个体认知相关的因素,还涉及个体当前的动机因素,以及考察个体在任务环境下的情感状态。第二,对创造力的分析,要把个体放到宏观环境的动态交互下进行(徐雪芬等,2013)。由此来看,创造力的内涵和结构在不同领域学者的眼中有不同的解读,既可以是基于某个个体的,也可以是基于某个群体,还可以是基于一个地区;根据研究的问题,创造力可以是单一维度的,也可以是包含多个维度的结构性概念。

四、场域理论及相关应用

　　场域(field)的概念,来自法国社会学家皮埃尔·布迪厄的理论。具体而言,布迪厄(1998)将场域定义为:"在各种位置之间存在的客观关系的网络(network),或一个构型(configuration)。"场域不是一个有限定的、物理的范围,而是有内部生命力的、有潜能的存在(布迪厄,1998)。回顾场域理论的缘起不难发现,场域的概念来自人类学研究的传统,布迪厄正是试图将人类学的方法引进社会学中,才把"群体"这个概念发展为今天的"场域"。

布迪厄(1998)认为,社会科学的研究围绕着"社会"这个关键词展开,但是"社会"的概念其实过于空泛了,因而选择用"场域"为分析单元,来研究不同社会空间以及其中的主体互动。社会分化为不同的场域,每个场域都有各自特殊的属性与价值观,并有自身独特的运作方式。例如,社会分化为政治场域、经济场域、文学场域和学术场域等,在不同的场域当中,行动主体(agent)依据特定场域的运作规则开展实践。场域仿佛是一个磁场,以某种引力吸引着进入场域中的行动主体,也在场域运作的过程中完成自身的动态演变和调适。

场域是一个开放概念(open concept),概念被设计出来的目的是构成剖析问题的"工具箱"。开放式的概念是为了提醒研究者,只有将概念纳入特定的系统中,才有可能真正地界定这些概念,绝不应该孤立地使用它们(布迪厄,1998)。赫伯特・布鲁默(Herbert Blumer)也把场域视为"触发式概念"(sensitizing concept),因为这种概念往往具有很强的建构空间,能够启发研究者根据特定的研究问题,建构相关的理论体系(沈毅,2013)。20世纪末,布迪厄基于电视探讨了媒介场域(media field),聚焦媒体中的资本和权力因素如何影响媒介内容的生产(刘海龙,2005)。

在布迪厄建构的场域理论的基础上,研究者就不同议题和语境对其进行了发展。传播学学者张方敏把场域理论作为传播仪式观的研究支点,把传播场域定义为"承载仪式传播过程、营造特定氛围、表征社会关系的物理场景或心理情境"。此外,张方敏从传播参与者个体角度,分析了仪式传播场域当中的"物我场域""自我场域""人我场域";从参与者群体的角度分析了"地理场域"和"心理场域",并对场域功能的发生机制做了简单探讨,场域功能的实现是传播参与者通过完成自我的心理建构来获得仪式意义、感受特定氛围,从而达到维系群体关系的目的,这一过程会受到宏观社会文化的影响(张方敏,2015)。

刘迪(2017)提出,博物馆是媒介场域的子场域,相对于其他的媒介场域,有自身的特殊逻辑和必然性,场域中的行动主体是观众,他们是有自觉意识和精神属性的个人,而在场域最主要的行为就是以视觉为主导的认知。这一研究率先将博物馆作为媒介场域来探讨,为博物馆的媒介研究添加了新的板块。然而,笔者作为博物馆学领域的学者,在本书中没有针对传播问题进行深入分析,而将关注点聚焦于博物馆作为媒介场域,如何利用自身的权力完成对参观者的规训和控制。

　　无论场域理论具有怎样的"开放性"和"触发性",其中的核心要素仍然值得仔细把握。第一,场域是社会分化的结果,不同的场域有自身特殊的属性,在进一步探讨之前首先要界定这个场域。第二,场域是处于持续运动中的,运动(运作)方式随场域自身属性的不同而不同。此外,场域中是有实实在在的力量存在的(布迪厄,1998),因而场域虽然没有明显的界线,却有场域效果不再发生作用的地方,在研究过程中也应该考虑如何界定、评估场域作用明显变小的因素(布迪厄,1998)。第三,场域中参与活动的实践者,是积极主动的生产者,他们会依据自身的性情倾向和心智图式开展实践(布迪厄,1998),完成场域的再生产。

第三节　研究评述

一、现有研究局限

　　现有研究局限主要体现在以下三个方面。

　　第一,基于经典传播理论的博物馆传播研究回顾发现,学者们把博物馆视为媒介,采用传播学的经典范式和经典理论开展了一系列研究,却从未深入探讨过:作为媒介的博物馆,与一般传播研究中的报纸、广播、电视以及以数字技术和互联网为依托的新媒体相比,最突出的属性是什么?清楚地识别博物馆的特殊属性,是研究博物馆传播过程的基础。

　　第二,前沿传播理论的发展有助于深入理解博物馆传播,诸如具身认知理论、场景理论对分析博物馆的传播过程具有明显的启示作用。当前,虽然有博物馆学学者开始逐渐尝试把这些前沿理论应用在博物馆的传播研究中，但目前来看，现有研究依然是不够充分的。此外，世界范围内许多博物馆的创新性传播实践早已超出了当前理论对其的认识，迫切地需要将这些实践整合、提炼，把这些传播实践和经验上升到理论的高度，从而为理解博物馆的传播过程和方式提供理论指导。

第三，博物馆的发展经历了旧博物馆学的"以物为主"到新博物馆学的"以人为本"的转变，两个阶段分别对应着所谓的"旧博物馆学"和"新博物馆学"。然而，相较于传播学里的受众，博物馆学领域里对参观者的主体性尚未全面发掘。正如博物馆学学者扎哈瓦·朵琳（2017）所说，参观者从被当作陌生人而被系统性地忽视，到被当作客人而丧失了主动性。然而，参观者有自己的期望、诉求，应该被更深刻地"看见"（seen）。参观者的语言行为、身体动作、内在需求都有待学者进行更深入、更系统的研究。

二、当前研究方向

国内外部分前沿学者和博物馆从业者虽然对现有研究局限做出过重要突破，但仍是比较零散的。如国内博物馆研究学者严建强（2009）认为，博物馆较之于报纸、广播、电视等媒介，最显著的不同是博物馆是以展示实物为特征的，所有的信息都是靠挖掘"物"来展开的。他还开创性地提出，参观博物馆是一个在空间中，建立起立体的、可延展的、有深度的形象体系（严建强，2017；周婧景等，2016）。可见，空间性将是研究博物馆媒介属性的重要突破口。

在传播学研究中，"空间"与"时间"从来都是事物的一体两面，英尼斯（2003）探讨"传播的时空偏向"；吉登斯断言"媒介技术的发展是时间打败空间"；麦克卢汉关于"地球村"的论断本质上是一种新的"时空观"；而凯瑞从传播的仪式观的角度阐释了空间仪式对时间的维系。因此，在传播时空理论的发展进程中，对空间的关注，从来都离不开对"时间"的分析。在传播的"时空视角"引领下，笔者走进了英尼斯关于"时间、空间与文明演变"的理论天地。由此，本书的第一个立足点是以"时空"视角解析作为媒介的博物馆，从媒介特征的分析走向过程模式的分析。

从博物馆的功能演化、社会互动和文明演进来看，博物馆的许多创新实践超越了学界对其的认知。"博物馆：记忆 ＋创造力＝社会变革"（museum：memory ＋ creativity＝social change）立足博物馆这一记忆载具，经由创造力赋能推动社会变革，为本书提供了极具启发性的视角。因而，以这个视角分析博物馆在全世界范围内的创新传播实践，是建构本书的第二个立足点。

此外，参观博物馆是"以身为媒"的文化实践（Kortbek，2008），认知行为学领域的"具身认知"作为前沿理论，给本书以极大启发。结合传播学和心理学的受众研究理论和方法，给予参观者从"身"到"心"的观照。传播研究中，对于空间的关注，从来都不是只限于物理空间层次，更重要的是分析作为"社会关系的空间"，即作为"社会关系表征的空间"（李彬等，2012），因此有关社会关系空间的分析将贯穿整个研究。

第二章 问题、逻辑与方法

第一节 研究问题

本书立足于三个研究问题探讨博物馆传播：

第一，媒介的属性决定了场域的属性，博物馆与一般意义上传播研究中的媒介相比，有哪些特殊属性？

第二，探讨场域的动力机制问题。在博物馆场域中传播是如何发生的，有哪些特征和模式？

第三，参观者是传播的受众，是场域积极的行动主体，他们有哪些行为模式，传播效果又是怎样的？

第二节 概念界定

一、记忆

本书中所提到的"记忆"，涉及多个层面的内涵。第一，既指博物馆展品所承载的集体记忆，也指参观者头脑中的自传体记忆。第二，从记忆的形态来看，记忆既是文本的，又是情景的。文本记忆指的是展品所承载的记忆内涵通过参观者的理解和消化，经由认知的信息加工系统加工而成为语义记忆；情景记忆指的是参观者通过对时间线索和空间场景的感知，形成对博物馆的情景记忆。

二、创造力

　　创造力在本书中也有不同层面的意涵,并与记忆的内涵构成相互对应的关系。具体而言,在"集体记忆"的语境之下的创造力,侧重强调对记忆文本的创造性改写和创新性使用,也就是从"集体记忆"的内容重构和形式创新的角度谈创造力。在"个体记忆"的语境之下的创造力,侧重强调个体通过参观博物馆,将丰富有序的集体记忆内化为个体记忆,获得认知的充盈和情感的激荡。此外,参观博物馆作为一种沉浸式的、启迪式的、乐趣与挑战并存的文化活动,这类活动往往会伴随"心流"产生和创造力勃发。

三、场域

　　围绕当前的研究问题,我们需要重新建构场域的分析框架(见图 2.1)[①]。场域是围绕博物馆发生作用的,而场域中的传播媒介、参与主体以及媒介与主体的互动方式是关注的重点。与以往布迪厄研究的立足点不同,资本争夺和权力斗争并不适用。

　　传播学者在布迪厄理论的基础上,对场域进行了拓展和创新,对本书有一定的启发。例如,把场域理论作为研究支点,将传播场域定义为"承载传播过程、营造特定氛围、表征社会关系的物理场景或心理情境",并且从传播参与者个体角度、群体角度、动力和功能机制的角度探讨传播场域(张方敏,2015)。

　　本书中,博物馆作为媒介,是传播场域的核心构成,参观者是传播场域最重要的行动者,参观者与博物馆的互动使场域得以发挥其应有的功能。据此,本书拟从"传播场域的特殊属性""传播场域的行动主体""传播场域的动力机制"三部分来搭建博物馆传播场域的分析框架。

---

　　① 本书中的图片请见"附录 A　插图"。

第三节　关键概念间的关系

关于"记忆"和"创造力"之间的关系，时任辽宁省博物馆馆长马宝杰曾做过相关的阐释：博物馆是人类记忆的储存库，记录了人类在过去某个时代的生产力、生产关系、生活方式等。同时，博物馆承担着传播文化记忆的职能，为了更好地履行这一职能，要探索如何发挥创造力，使遥远的古人记忆变成当今人们的记忆；把模糊的记忆变成清晰的记忆；把少数人的记忆变成群体的记忆（中国文物报，2013）。

马馆长的阐释对当前的研究具有很好的启示意义，但就"记忆"和"创造力"二者的内在联系，还有待更透彻更全面的分析。因而，本书回到博物馆学最基础的部分，从博物馆的功能出发，从"收藏""策展""学习"等功能中寻觅"记忆"和"创造力"的互动关系。

此外，我们不仅要思考记忆与创造力的关系，还要进一步探讨"记忆＋创造力"作为一个整体，如何作用于博物馆传播场域。

一、记忆是创造力的基础：积累与激发

博物馆学学者古德曾说过，"博物馆，非古董者之墓地，乃活思想之育种场"（Goode，1891）。这句话点破了"记忆"与"创造力"的关系：记忆是创造力的前提和基础，而记忆主要通过博物馆基本的收藏功能来实现。博物馆最古老和最本质的业务就是收藏（保管）（苏东海，2003），收藏的是具有一定历史价值、科学价值和艺术价值，能够反映自然界发展变化规律和人类科学与文化进程的历史见证物。根据具体的馆藏内容，《大不列颠百科全书》把博物馆分为以下三类：自然科学博物馆、历史博物馆和艺术博物馆（宋向光，2009）。从记忆的角度来看，这三类博物馆中保存的分别是人们对自然的记忆、对社会的记忆以及全人类共通的情感记忆。

自然科学类博物馆中陈列着精心采集和布置的藏品和展品，潜藏着自然的秩序，描绘的是我们这个星球上生命变化的次序，是我们关于自然的记忆。

常见的藏品是各种各样自然科学的标本，涉及的学科包括植物学、昆虫学、矿物学、古生物学和动物学等。

历史博物馆里保存的是人类过去构建社会的过程与结果。集体记忆想要保存下来，必须借助一定的载体，文物、器皿、绘画作品、雕塑作品等就是过去社会生活的实物见证，承载着某一个社会时期人们的生活方式，参观者看到这些物品就能产生对当时生活状态的想象。

艺术博物馆中保存的是人类对美的追寻，采用艺术这种人类通识语言，记录人类的忧虑和渴望。罗丹说，艺术就是情感（付蓉，2014），艺术博物馆收藏和展出的艺术品，是通过多种丰富的艺术形式表达出来的情感，因而是情感与形式的统一体。大英博物馆馆长在《大英博物馆世界简史》中把艺术品视为人类展现和描绘世界的尝试，且这个尝试的过程表达了人类普遍的挣扎、欲望与情感（麦格雷戈，2014）。

记忆的积累是创造力激发的前提。从认知心理学的角度看，对于知识（knowledge）的记忆，是构成创造力的必要因素之一（Robert et al.，1993）。在实证研究中，记忆被操作化为个体对特定学习材料的理解和储存，材料中的内容被学习者编码，通过长期记忆（long-term memory）的形式储存在认知系统当中。记忆的内容在个体解决问题的时候，可以作为多样化的参考资料和备选方案（王映学等，2007）。提高创造力的途径之一是在保证知识质量的前提下，尽可能获取大量知识，并且要把知识以合理的结构组织起来（张芸，2004）。

因而，创造力激发的条件不仅包含丰富的记忆，如果记忆以混乱的方式存储，是不利于创造力激发的，记忆应该以适当的方式相互联系在一起，并被科学地组织和呈现。从藏品到展品，博物馆策展人用主题化、情景化的方式把展品以容易理解加工的方式呈现出来。通过这样的方式，自然科学研究从记忆中发现自然变迁的秩序；社会科学研究解读过往人类生活中社会互动和精神世界，梳理社会发展的脉络；艺术创作研究探寻人类情感的描绘和表达。

二、创造力发展记忆：重构与活化

创造力发展记忆的方式之一是重构，概括来讲，重构是对记忆的重新组织和再加工(黄希庭等,2015)。博物馆从收藏、研究,再到策展的一系列过程,本身就是对记忆的重构。

哈布瓦赫(2002)说过:"每一段集体记忆,都需要在某个时空、被特定的群体认可与支持。"被建构的集体记忆是历史与社会交互的创造性产物。作为公共文化机构,人们通常不会质疑展品记忆选取和表达的正当性,似乎展品就是对历史忠实无误的"镜像"表达。哈布瓦赫就这个问题曾提醒过人们,"集体记忆实际上是一种社会行为"。而人们几乎无法弄清楚"过去如何被记忆"(the way past is remembered)、"如何被框架化地选择"(the way past is framed)以及"如何被阐释的"(the way past is interpreted)。

集体记忆依靠诸如电影、书籍、照片、博物馆展品等强有力的、不朽的、有形的证据呈现,看似是客观的,实则是有偏倚的(biased),是从"去语境化"到"重新语境化"的过程。因而,任何载体对集体记忆的建构,都不是镜像地重现历史,过程中必然会伴随着对记忆内容的筛选、重构和改写。

关于博物馆对记忆的重构,首要的问题是:什么内容会被记住?从全人类集体记忆的保存和动态发展来看,博物馆选择"记住什么",是关乎人类发展的重大命题。博物馆绝不仅仅是保存文化遗产的机构,而应该是对社会做出积极响应的活跃主体。例如,在当今世界文明冲突不断发生的当下,博物馆有责任向公众描绘当今世界的多样性和冲突,要让公众意识到文化的传承是一个复杂的过程,不光是对既往辉煌的文化成就的记忆,也要认识到当前历史行进过程中人与人之间的冲突、民族间的冲突以及不同社会和文化间的冲突。因此,许多博物馆从业者呼吁同行,要带着反思和自我批判在博物馆诠释人类社会中关于死亡、关于冲突、关于失去的历史。

博物馆对记忆的重构,也体现在对记忆的"叙事"上,也就是对记忆的表达,重构的关键就在于对记忆的表达。"集体记忆是具有双重属性的——它既是客观的物质现实,例如一尊雕塑、一座纪念碑,又是精神的象征符号,具有特定的精神和文化的内涵,后者虽然看似是强加在客观物质现实之上的,但又确实是被特定的群体所共享的。"博物馆展品并不会自己发声,从策展人对展品进行选择和摆放开始,就已经开始了对展品的叙事。博物馆里最常见的叙事就是按照展品固有的历史时间出发,按一定的顺序排列成编年史,再转化为故事,故事的情节最终生成意义(赫尔曼,2002)。

纪实性文学作品对历史事件的重构为博物馆创造性重构集体记忆提供了很好的参照。南京大屠杀和奥斯威辛大屠杀，都是人类集体记忆中无比沉痛的一页。然而前者，在近些年才被西方纳入人类残暴与悲惨记忆的范畴。从海外华人张纯如撰写的纪实性文学作品《南京大屠杀》开始，这段记忆才重新被发现、重新被讲述、重新被记住（洪治纲，2012）。这部作品以极富创造力的手法，采用多重视角将这段历史从深渊中掏出，灼灼地呈现在世人面前，迫使世界无法再对此视而不见。博物馆与纪实性文学作品一样，都是见证历史、保存记忆的载体。与纪实性文学作品相比，博物馆要通过展示大量的真实物件（the real object），通过密集的展品和史实来记忆。如何从当下的时间出发，渐进地探寻到历史深处，实现记忆创造性的重构，基于客观的物件（the real object），诉诸立场、意义和价值，是需要深思的议题。

活化是创造力发展记忆的一种可能的方式。确切来讲，活化就是把某一物质将其从没有活性或活性不足的状态转化为具有活性状态的过程。谈到博物馆的活化，文化创意衍生品的开发是最典型的例子。事实上，对记忆的活化绝不只是开发创意产品，活化的理念应该渗透进博物馆传播的各个环节。

大体上，可以把活化分为内容上的活化、形式上的活化和使用方式上的活化。内容上的活化，指的是对展品原本的意义做出新的解读，让过去的记忆在当下重获生命力。形式上的活化，主要体现为用新的方式展示和传播展品，例如用全息成像、虚拟现实、场景重现的方式重现某件绘画作品中描绘的场景。使用方式上的活化，不仅是对展品本身，还可能包括对记忆的空间——博物馆展馆的创新使用。通常而言，博物馆空间只是藏品的展示空间，如今世界范围内许多博物馆结合藏品内容、展馆特性，把博物馆变为创意餐饮和冥想疗愈的空间。

活化，还体现在对各种记忆载体管理的思维和举措上。例如，博物馆理应享受展品的版权，而荷兰国立博物馆就让渡了这一权利——在2012年对25万件馆藏进行高清数字化，无条件向所有公众开放版权，吸引公众下载和使用图像，更鼓励公众加工和创作图像，目的在于撬动网民，邀请他们创新记忆，使沉睡的藏品在数以亿计的网民的创造力中重新焕发活力。

三、"记忆＋创造力"和场域的关系

场域本身是没有物理边界的，它所谓的边界就是"场域的影响停止发生作用的地方"（布迪厄，1998）。因而，场域的边界具有"化学属性"，虽然我们看不见、摸不着，但随着影响逐渐式微，场域终究会在某个地方不再发挥作用。博物馆的传播场域，探讨的其实是博物馆传播的化学场的影响边界、方式和强弱。

"记忆"是博物馆场域传播的起点。对于人类集体来说，博物馆保存着人类文明过往中，对自然的记忆（自然科学博物馆）、社会的记忆（历史博物馆）和情感的记忆（艺术博物馆）。对于个人来说，参观博物馆是有限的自传体记忆与人类集体记忆互动交融。"创造力"是博物馆场域传播的赋能条件。之于博物馆，是在充分研究的基础上创新记忆内容（解读藏品、展品），以及利用一切手段创新记忆表达（策划和实施展览展陈）。之于参观者，是在与展品、与他人的互动中，头脑变得充盈，情感得到激荡。

在"记忆＋创造力"的共同作用下，博物馆传播场的影响范围将从有限的物理展馆空间拓展到无限的社会空间；影响范围扩大的同时，影响的程度也在加深，作为全人类过往文明的记忆之场（site of memory），不仅是发挥记载和储存功能的"海马体"，还是能动的有机体，充分地参与到当下正在发生的文明进程中。在"记忆＋创造力"的共同作用下，参观者个人有限的经验得到扩展，品格和价值观得到涵养，情绪和情感得以修复和丰富。

第四节　研究方法："质"与"量"的整合

在社会科学研究方法中，关于"质性研究"与"定量研究"的争论由来已久。这两种方法有着不同的认识论基础。周明洁等（2008）系统地分析和比较质性研究方法与定量研究方法之后，提出了质性研究与定量研究并不存在绝对的孰优孰劣，而是要聚焦研究问题，并提倡"去范式"的研究思路，从而实现"质"与"量"的整合。

定量研究(quantitative research)源自实证主义的认识论,是对"现象"的测量和计算。研究需要收集事实数据,以具有可靠性效度的材料和方法测量现象,通过相关的数理统计分析,得出具有一般性和可重复性的结果。定量研究通常被用来验证理论假设(hypothesis-testing)。

而质性研究(qualitative research)关注对现象的阐释,注重研究本身的过程性、特定性和情境性。质性研究所涉及的方法是多元且丰富的,这些方法通常是在自然的情境下开展的,要收集大量经验材料,如个案研究、生活故事、访谈、个体的体验与反思,还包括对历史事件的描述,以及多种多样的视觉文本,例如研究对象在日常生活中的各种行为等。质性研究通常被用来生成假设(hypothesis-generating)。

质性研究方法与定量研究方法的分歧主要聚焦在对部分与整体、主观与客观两方面的争论上。偏好质性研究方法的研究者认为数理统计忽略了事实相关的历史文化脉络,研究只能考虑到部分现象而无法从更大的图景中分析问题。偏好定量研究方法的研究者则认为,质性研究方法仰仗研究者对现象的主观阐释,不同的研究者对现象的阐释可能是大相径庭的,因而这样的方法得出的结论缺乏足够的客观性。

事实上,质性研究方法和定量研究方法都有一定的优势和局限。正如有研究者把不同方法对研究的贡献做了一个形象的比喻:如果说研究对象是处在一个黑暗房间里无法被清晰看到和触摸的物体,那么不同的研究方法就宛如从各个方向照射进来的光束,能帮助我们观察研究对象的一个方面。毫无疑问,照进房间中的光束越多,角度越多元,研究者就能得到越丰富、全面的信息(赫根汉,1986)。

质性研究方法能对研究现象做细致入微的刻画、全面的描摹和分析,从而发现现象背后更深层的问题,但无法将研究结果推而广之,做出具有普遍意义和群体性的结论。而定量研究方法在挖掘深层次问题上显得多少有些束手无策,但在普遍意义上得出具有推广性的结论方面,又表现出不可比拟的优势。

结合本书的研究问题,对于探索性的问题采用质性的研究方法,以期观察到更丰富的现象,从概念上和理论上有更多创见性的思考和发现。质性研究方法包括:以特定博物馆和以特定参观者为研究对象的案例研究,对后者而言,主要是通过访谈的方法,深入考察个体关于博物馆参观过程的现场记忆与回溯性记忆;此外,还有参与式观察法。

对于理论脉络明晰,可以提出清楚假设的研究问题,采用定量研究方法。本书采用了方便取样的问卷调查法,来研究参观者在参观博物馆前后所涉及的社会经济和心理行为信息。接下来笔者将分别对质性研究方法和定量研究方法中所涉及的内容做出具体的解释。

一、质性研究

(一)案例研究

案例研究用来分析特定博物馆创新性的传播实践,论述博物馆的传播特殊属性、传播过程和模式与创新实践的关系,共涉及八个案例。

具体而言,与博物馆媒介属性、传播过程和模式相关的案例分别是:(1)央视的大型文博节目《国家宝藏》;(2)英国伦敦的维多利亚与阿尔伯特博物馆(Victoria and Albert Museum);(3)位于荷兰阿姆斯特丹的凡·高博物馆(Van Gogh Museum);(4)谷歌艺术与文化(Google Arts & Culture,或称为 Google Art Project,谷歌艺术计划);(5)美国艾奥瓦州波克城的博物馆数字公交站;(6)故宫博物院快闪店;(7)美国"9·11"国家纪念博物馆(National September 11 Memorial & Museum);(8)故宫博物院的《清明上河图3.0》互动展演。

其中,凡·高博物馆和故宫博物院的相关案例,笔者有幸亲身参观,获得了宝贵的一手资料。谷歌艺术与文化和《国家宝藏》的案例,笔者作为使用者和观众,搜集到了相关的研究资料。针对谷歌艺术与文化的案例,视频网站Youtube上有不少使用者拍摄上传关于使用谷歌艺术与文化 App 的视频,这种有视频和评论的资料含有有效的文本资料,该款 App 在中国大陆地区尚不能使用。

维多利亚与阿尔伯特博物馆、艾奥瓦州波克城的博物馆数字公交站和美国"9·11"国家纪念博物馆的案例,笔者是通过官方及相关网站、《国际博物馆》(*Museum International*)期刊、新闻报道等方式获取的研究资料。笔者对研究资料进行了文本分析。这些文本包括博物馆官方网站的文本,如博物馆发布的授权声明和公告。官方网站发布的文本是追踪博物馆实践发展的可靠通道,有助于了解博物馆的新近举措。受笔者的条件限制,能获得一手研究资料的博物馆大多限于中国以及法国、比利时、荷兰等国。为了拓宽视野,笔者特别将美国的某些特色博物馆纳入分析,并对 TED 官网中针对美国博物馆的演讲做了文本分析,用来研究特定的创新方式对传播过程的影响。

(二)参与式观察

参与式观察的研究方法可以让观察者身临其境,从而获得较多的细节信息。笔者走访了欧洲 32 家博物馆。通过这种方式,以最小的侵入性(intrusion)掌握丰富的研究资料。参与式观察与彻底的、抽离式的观察不同,它不是"冷眼旁观",而是"凑上前去",用"局内人"的心态去揣摩"局内人"的心态。当然,这一过程中还要保持一定的抽离性,并且要反复练习在参观者与研究者身份之间的互换。从参与观察获得的研究资料还将作为问卷调查的补充。

参与式观察对访谈法也有补充和辅助作用。具体而言,研究者不应该仅仅依赖参观者"说了什么",也应该注意观察他们"做了什么"。后者作为直接的行为反应,更能反映真实的情境。此外,参与式观察有助于发现问题,使访谈更具有针对性。

参与式观察的实施大体分为以下几个步骤:首先,确定观察的问题。参观者是如何与展品、同伴以及博物馆空间进行交互的? 参观者会有哪些肢体动作? 除了常规的"观看"行为,参观者会诉诸其他哪些感官方式? 其次,制订观察计划。计划中包括观察的内容、地点、时间和手段。例如,确定此次主要观察对象,为什么观察这些人,通过观察能够回答哪些问题;研究者是否参与此次参观,是否预约其他参观者并与他(她)展开交互;研究者与观察对象的关系类型如何影响观察的效果。最后,进行观察并记录,通过笔记、录音、拍摄等方式记录资料,力求准确、具体与全面。

(三)访谈法

访谈法对参与式观察法和问卷调查法也构成补充。与参与式观察相比,访谈能够帮助研究者了解参观者的所思所想与情绪反应,而观察只能发现外显的行为反应,无法洞悉参观者的内心活动。与问卷调查法相比,访谈能让参观者使用自己的概念与语言,准确地表达对问题的看法,而问卷调查中的概念和语言是研究者限定的,可能与参观者的认知习惯与表达方式存在距离。

本书涉及的访谈法,从对访谈结构的控制程度上来说,均属于半结构化的访谈,即只提供给研究对象一个粗线条的访谈提纲,以起到提示和推进访谈的作用,同时在访谈过程中积极鼓励研究对象畅所欲言,研究者可据此对特定的内容进行追问。

从正式程度和接触方式上来说,本书涉及的访谈大多是非正式的、直接的、面对面的访谈。由于本书的访谈对象都是参观者,研究的问题聚焦在参观者在博物馆当下的参观体验,而事先约定好的正式访谈更适合询问参观者过去的参观经历,即进行回溯性的探究。因此,笔者首先进入博物馆的研究现场,在博物馆的休息区、餐饮区、礼品商店、排队等候区,以及在特定的交互性展品(例如,凡·高馆的电话亭)附近,征得参观者同意之后,与对方展开访谈。

二、定量研究

本书采用问卷调查为定量研究的方法,选取了荷兰阿姆斯特丹的博物馆广场作为问卷发放场所。

阿姆斯特丹作为荷兰的首都,是世界著名的文化中心,也是名副其实的博物馆之都。在整个阿姆斯特丹市,有各种类型、大大小小超过 400 家博物馆。博物馆广场及附近聚集着荷兰最著名的三大博物馆,包括荷兰国家博物馆(Rijksmuseum)、凡·高博物馆(Van Gogh Museum)和阿姆斯特丹市立博物馆(Stedelijk Museum Amsterdam)。无论工作日还是节假日,博物馆广场总有熙来攘往的游客和当地人。

笔者及两位协助者,于 2017 年 10 月 23 日到 10 月 31 日,在博物馆广场招募自愿参与问卷调查的被试。由于问卷中设计了对参观过程和结果的评价,笔者及协助者在招募被试时,会先询问对方当天是否参观了至少一家博物馆,在得到肯定答案后,再向被试陈述研究目的、数据用途,并承诺所有数据只用于做学术研究,保证匿名、保密。最终,共有 224 名被试参与了调查。经筛查,共有 178 份有效问卷。

关于研究工具和样本的详细信息,请参看第五章。

三、研究框架

第一章是导论,已有的研究从经典的传播学理论出发,对博物馆传播的相关问题进行了广泛的研究,但对博物馆特殊的媒介属性尚未进行透彻的分析。传播学前沿理论与博物馆传播有密切关系,尚未整合进博物馆传播研究中。此外,国内外的博物馆有许多创新性传播实践早已超越了学术界对其的认知,迫切地需要将其进行理论化。结合传播学理论进展与博物馆学的前沿讨论,提出当前的研究视角与方向。

第二章提出具体的研究问题,界定关键概念及概念间的逻辑关系,论述研究方法。

第三章,探讨传播场域的媒介——博物馆特有的属性,从英尼斯"传播的偏向"理论出发,按照空间和时间两个方面分析博物馆作为媒介的时间特性和空间特征。传播实践要符合媒介自身属性,创造力对记忆的能动体现在重构媒介文本与创新传播形式。通过对六个案例的分析,探讨博物馆如何通过"创造力"对"记忆"内容重组、改写和形式变换,解决博物馆媒介的时间特性给传播带来的挑战;探讨如何通过"创造力"对"记忆"传播方式的拓展、延伸和发展,适应博物馆媒介的空间特性,将博物馆的空间与社会生活空间融合起来,把时间偏倚的博物馆变为时空平衡的传播媒介。

第四章,探讨博物馆场域传播的动力机制,从传播过程的特点和传播模式两个方面展开。就传播过程而言,参观者的具身化认知和对空间的感知是博物馆场域传播相较于其他传播最突出的特点,此外传播过程也具有仪式化的特征。就传播模式而言,涉及人内传播、人际传播、大众传播、分众传播和沉浸式传播五种模式。对传播过程特点和模式的梳理,是为了找到创造力赋能记忆的切入点和方式。

第五章,探讨博物馆场域的主体。展品本身并不能构成一个具有生命力的、活跃的场域，只有参观者真正进入博物馆中，与展品产生联结和"互动"时，场域才具有生命力。该章分别从参观者自身的内在需求、行为模式、与他人的对话与互动入手，认为参观博物馆既折射了参观者自身特质，又重塑了参观者的记忆和创造力。

　　第六章，反思"记忆""创造力"与"博物馆传播场域"的关系。基于博物馆的特殊属性，使其更好地传承记忆和文明，本质上是重构博物馆的内容和形态。从构造的结果来看，博物馆是"被创造的记忆"。参观者通过具身认知、空间感知、仪式化的参观和反思，在博物馆营造的场景中"创造"出属于自己的"记忆"。在博物馆传播场域中，从"记忆"到"创造力"，社会最终集体完成智识生产。

第三章 博物馆传播场域：
媒介本体的时空属性

本章前两个小节，通过比较博物馆和一般大众传播媒介，从时间特性和空间特性两个方面，解析了博物馆作为媒介的特殊属性。只有抓住博物馆媒介的特殊属性，才有可能研究其传播规律，开展科学的传播实践。

从博物馆是社会集体记忆载具出发，梳理了博物馆的基本功能及其演化，探讨"记忆"与"创造力"的互动方式，这么做是为了找出创造力为记忆赋能的方式。最后一小节，以世界范围内博物馆前沿传播实践为例，分析创造力如何应用于记忆，使得传播实践符合博物馆媒介特征。

第一节 博物馆的时间特性

一、博物馆是偏倚时间的媒介

根据英尼斯对媒介的定义和分类，经久耐用、笨重、有利于宗教传承、偏重视觉的媒介属于倚重时间的媒介（英尼斯，2003）。从这个意义上讲，博物馆作为社会记忆的载体，通常以文物保存记忆，属于偏重时间的媒介。

《传播的偏向》中文版译者何道宽在序言中把英尼斯理论比作是解读媒介技术发展的钥匙，依靠这把钥匙，我们得以理解媒介的发展进程引发的心理和社会影响（英尼斯，2003）。在英尼斯看来，现代社会存在媒介发展严重失衡，时间偏向的媒介低落谷底。时间偏向的媒介的式微对人的心理和社会发展会带来什么样的影响呢？英尼斯（2003）认为："对时间的偏执里，存在普遍的焦躁。"从文化的角度而言，时间意味着神圣、道德和历史，意味着权力的存续。因而时间文化是一种信仰、礼仪和道德秩序。英尼斯认为，时间偏向的媒介在整个社会中的衰落会导致人们的历史意识淡薄，心态和行为浮躁，彼此不断疏离，空间征服欲望强烈（徐雁华，2012）。英尼斯强烈地希望社会能够有意识地发展，并且利用时间偏倚的媒介来抗衡空间偏倚的媒介严重压倒时间偏倚的媒介而导致历史观念冷漠、整个社会处于过度膨胀的状态。此外，对于社会中的个体而言，空间偏向会让人们的生活碎片化，不再注重伦理道德和共同价值。

新媒体时代，数字技术看似能够无限期地保存信息，打破了时间壁垒，使得数字媒体偏倚时间。但卞冬磊（2010）指出："电子媒介对事件的报道越来越注重第一时间，其所叙述的故事呈现片段化，人们的认知、记忆和行动都受到媒介思维的影响，虽然可以扩展对世界的横向的感知，却牺牲掉了纵深的积累。"

然而，新媒体时代中信息比以往任何一个时代都要转瞬即逝，本质上破坏了对时间的偏倚。今天大众媒介发挥的作用不是使事件像传统的方式那样让人们记住，而是在事件以令人目不暇接的方式向人们袭来时，消灭这些时间，让人们迅速地忘记它们。从这个意义上讲，大众媒介与"保存记忆"的功能属性是背道而驰的。詹明信对此也做过回应，他认为，历史感的消失使得整个社会系统开始逐渐丧失保留它过去本身的能力，使人们不得不生活在永恒的当下或永恒的转变中，因而从前社会的传统也逐渐被抹掉了（詹明信，2013）。在新媒体时代，时间和空间的博弈总体上是失衡的（孙健，2016），对时间的忽视造成了当代文化中纵深感的消逝，而这种纵深感，恰恰是偏倚时间的博物馆能带给我们的。

二、时间跨度：媒介文本的距离、模糊与断裂

博物馆的媒介内容是展品及承载空间。一般大众传播的媒介内容是新闻报道。博物馆媒介内容与大众媒介内容的区别，可以从以下三个方面来概括：前者是远距的、模糊的、断裂的；后者是新近的、具体的、连续的。

第一，从时间距离来看，新闻是对"新近发生"的事件的报道。媒介的发展史，可以说是对"新"和"快"不断追求的历史。无论是报纸、广播、电视还是

各种数字媒体,都从原来尽可能地追求时效性,变为对"此时此刻"的执念。电子媒介的发展让信息传递得以瞬间完成。电视中出镜记者的现场直播、微博上网民的现场直播,不断地巩固着人们对"快""当下"的审美媒介观。传统媒体和以数字和互联网为依托的新媒体所传播的内容与当下的时间是没有距离的,而博物馆里的媒介文本与当下有很大的时间跨度。在某些历史博物馆中,时间跨度动辄长达几百年或上千年,在涉及史前文明的展览中,跨度更是长达几千年或上万年。

第二,时间距离不同导致媒介文本清晰度的差异。麦克卢汉曾用热冷媒介的概念来区分媒介文本的清晰度的不同(麦克卢汉,2011)。虽然这一分类方式历来备受诟病,但在分析大众媒介文本与博物馆文本时,仍富有解释力。清晰度高指的是媒介所提供的信息充分、完善;清晰度低则指媒介所提供的信息少而模糊。与博物馆相比,大众媒介提供的信息无疑是清晰度高的,并没有留下大片空白让观众去填补,更不需要动用过多的思维去理解文本的含义;而博物馆提供的媒介文本,通常是清晰度低的,需要充分想象,甚至是动用大量心智才能理解。参观者在欣赏博物馆展品中的"凝视""讨论"均是为理解文本所做出的努力。

第三,博物馆的媒介文本通常是断裂的,而大众媒介的文本是连续的。博物馆媒介文本的巨大跨度导致所承载的记忆越发遥不可及。时间跨度越大,保存下来的记忆就越零散,从支离破碎的记忆残片中,很难还原完整的故事。

陈曦(2017)把展品比作一座座孤岛,脱离了本身的生境,丧失了本身的历史脉络,离开了自身所属的时空。博物馆由展品构成的媒介文本仿佛是一张千疮百孔的网,人类有幸保存下来什么,我们就只能看到什么。而大众媒介的文本是对当下事件进行报道,能够探究其起源—发展—衰落的完整历程,有能力呈现完整的图景,因而是连续的文本。

博物馆作为偏倚时间的媒介,所承载的文化内容与参观者有很远的历史距离;内容是模糊的,需要参观者付出很大努力去填补空白;文本结构是断裂的,很难给参观者呈现一个完整的叙事框架。博物馆媒介文本的三重属性,给传播提出了不小的难题。如何弥合历史跨度带来的失落,让参观者找到与之互动的线索,找到从当下走进历史的通路,找到现实生活与过去记忆的内在联系,是博物馆传播实践要解决的问题。

第二节　博物馆的空间特性

一、参观博物馆：建构立体有深度的空间形象体系

博物馆的传播过程与报纸、广播、电影、电视等常见的大众媒体传播过程最大的差异在于"空间性"。如果观众只是为了阅读讲解文字和听解说,那么大可不必到博物馆去,博物馆的展示空间才是最有吸引力的。在博物馆的空间行走,获得一种形象体系,才是参观的本质。形象体系的一切内容都将转化为空间的表达形式,空间的广延性,深度感的、三维的,博物馆并不是"站着的书"(严建强,2009)。一般的大众媒介,传播内容与传播的空间场所几乎是完全无关的,电影、电视虽然要在一定的空间——如电影在电影院中完成传播过程,但就传播内容和内容所承载的意义而言,本质与空间之间并没有必然联系。

从受众本身的身体参与来看,常见的大众媒体无需人们身体力行地参与,通常是坐着就可以完成。而在博物馆,人们需要在展馆中行走、站立、再行走、再站立的交互中完成。学者讨论的"博物馆疲劳"(museum fatigue)与空间特性有关。例如,参观者肌肉的疲劳就是博物馆的空间特性以及因此产生的传播方式造成的。这种消费方式使得博物馆成为"以身为媒"的传播空间,这一特性吸引了研究者从身体卷入的角度开展了一系列与"身体转向"有关的研究,并提出了新的研究范式,如"具身认知"(沈忧,2018;王思怡,2016a;周婧景,2017)。这些新的研究方面是此前的传统大众研究中尚未充分讨论的。

传播的空间特征显著地影响参观者对媒介文本的消费过程。大众媒介是"去空间的",参观者通常只能遵循传播者的叙述方式,因而消费方式是被限定的,是线性的。博物馆中参观者随空间运动选择媒介文本,策展人无法完全控制参观者从哪里进入,选择哪些文本,因而,消费过程是主观的、跳跃的、非线性的。

正如人文地理学家段义孚提出的观点,空间是运动能力给予的(space is given

by the ability to move)，因而人体验到的空间感是伴随移动的发生而产生的（Tuan,1978）。

空间的运动和占领，决定了媒介文本获取的数量和内容，也影响着媒介的叙事方式。博物馆是开放的，参观者可以以任何方式解读博物馆叙事。即使博物馆已经确立了比较完整的叙事框架，参观者还是可以直接忽视掉，按照自己偏好的方式采撷要点、重构故事。这样的传播方式导致策展人对叙事的把控能力不强，参观者对传播内容和传播进程把握的主动性较强，然而，这也导致参观者自我构建的叙事框架是支离破碎、不连贯的。

而传统大众媒体的媒介文本有自身从一而终的叙事框架，特别是报纸、电视和电影，叙事方式是线性的或者多条故事线相互交织的。从进入传播文本的方式来看，参观者会跟着作者创作的叙事框架，自身对已有叙事框架的重构和改写余地不大。空间性使得传播过程有"距离感"。这种距离感指的是参观者与展品之间的距离，必要的距离对审美体验有不可或缺的作用，特别是针对艺术作品而言，空间带来的距离感尤为重要。只有和艺术作品保持一定的距离，参观者才能有一定的空间和时间去吸收、判断、反思，才能产生深层的审美体验。

二、博物馆中他人在场：共在与泛在

博物馆空间中的另一大特性是，个体参观的同时会伴随着他人在场。从参观者访问博物馆主观动机来看，社交本身就是参观博物馆的目的之一。基于博物馆受众的实证研究发现，相当大的一部分参观者倾向于把博物馆当作社交空间，并喜欢与同行的亲友（甚至是陌生人）讨论他们欣赏展品的思考和体验（Tate et al.,2014）。

传统大众媒介的传播，通常不需要他人参与。例如读书、看报纸，都是独自完成的。即使在阅读完成之后与他人进行内容和观点的分享讨论，主要的传播过程是基本由自己完成，是观点的摄入、理解、反思和内化的过程，属于人内传播的范畴。观看电视和电影虽然在一定程度上嵌入了社交的属性，如看电视通常发生在客厅或卧室里，一家人一起观看电视节目，通常包含家人间的意见交流与感情沟通，但具体到观看电视或电影作品本身，人内的传播始终是占主导的。从这个意义上讲，博物馆参观行为由于发生在空间场域之内，具有一定的特殊性。

博物馆空间中的他人在场和与之相关的社交行为会显著地改变传播过程。首先，他人的在场构成传播行为发生的背景，作为背景的他人会影响到个体的参观行为，例如，他人在行走过程中驻足，长时间对某件展品凝视，可能会潜在地影响其他参观主体也好奇地凑上前去。当越来越多的参观者聚集在同一件展品之前，参观主体便很难不对那件被广泛关注的展品产生好奇。他人就某件展品发生的讨论，也会进入参观主体的耳中，影响着主体对展品的理解。

有时，很大规模数量的参观者对某一些展品抱有很浓厚的兴趣，使得博物馆工作人员不得不就此做出回应。作为卢浮宫三大镇馆之宝之首的《蒙娜丽莎》，参观它的人络绎不绝。许多参观者一踏进卢浮宫就迫不及待地找寻它的位置，于是管理人员在大门口和展厅内多处位置都设置了指示牌，使得参观者在大部分的位置都能立刻找到通往《蒙娜丽莎》的道路。笔者在参观卢浮宫时，原本无意去看《蒙娜丽莎》，却挡不住大批追随《蒙娜丽莎》而去的其他参观者的干扰，最终在参观者大部队的带领之下，来到了挂有《蒙娜丽莎》的展厅。因而，即使是面对展厅中的陌生人，并且没有发生会话，个人的行为仍然会受到他人在场的干扰。

其次，参观者如果不是独自前往博物馆进行特定目的的参观和学习，通常会有同伴相随，参观行为往往是探索性的、随意的。加之展品本身所包含的信息是专业的、模糊的，特别是具有较大历史跨度的，参观者与同伴互相讨论成为信息获取最为普遍的方式。他人在场引发了内容丰富的会话与多种社会互动，在有的博物馆中，与他人的会话是参观的主要形式。

博物馆学学者沈辛成（2017）介绍过他本人参观过的美国纽约下东区移民公寓博物馆，这是一家"没有展品的博物馆"，参观方式是在工作人员的带领下，走览一栋看似普通的住宅，这栋住宅曾经在 1863—1935 年间容纳过 20 多个国家的移民家庭。走览完成之后，工作人员还会组织参观者们聚在一起会谈。会谈持续几分钟到数小时，结束之后大家各奔东西，但在会谈的时间里，参与者会在历史与当下的时空隧道中相遇，被同一段历史、同一群人的命运所牵动。博物馆参观构成了不同主体互动建构、共享意义的传播空间。

最后，空间中他人的在场，并非一定是真实的共在，技术的发展使得"泛在"成为可能。通过泛在，参观者之间实现了跨时空的信息交流和文化共享。凯文·凯利在《科技如何演化》中谈到过"泛在"（ubiquitous）的概念，用以描述科技在人们生活中无所不在的状态。以数字技术和互联网为依托的新媒体重新定义了博物馆的空间在场，也就是这里所说的泛在——通过虚拟现实的方式，参观者得以足不出户地进入博物馆空间，并且能够虚拟地感知到他人的存在，这种虚拟在场的方式，是真实在场的参观者感知不到的。

然而依托数字技术，无论是真实在场还是虚拟在场的参观者，都可以"感知到对方的存在"，并且能够相互交流。交流可以在数字平台上展开。例如，"接入应用程序"（The Access App）是博物馆展品文本解说的工具包，它采用集思广益的方式汇集参观者对展品个性化的描述。这些描述与对应展品的物理位置相匹配，下一位参观者开启程序时，能自动识别所在位置，播放先前参观者录入的解读。参观者之间通过软件实现了跨越时空的对话，文化体验得以通过空间"泛在"的方式，在参观者之间共享。

三、博物馆是城市第三空间

博物馆之所以是城市的第三空间，是把博物馆空间属性放在它与城市的关系中来考量。既往研究中对于第三空间及其可能的载体，例如，探讨图书馆作为城市的第三空间，推动了对图书馆研究的"空间转向"（段小虎等，2013；闫小斌等，2016）。然而，博物馆作为城市第三空间，学界尚未开始进行充分探讨。

"第三空间"（third space）是一个有丰富含义的概念，学者对这一概念做出了不同的解读。最早谈及"第三空间"的是城市社会学家奥尔登伯格（Oldenberg，1999），他提出酒吧、咖啡店等城市公众聚集的非正式场所可称为"第三空间"，这些空间对城市人的公共生活是至关重要的。作为第一空间的家庭和第二空间的工作场所之外，彰显城市核心活力的第三空间，可称为"社会的起居室"（the living room of society）。

爱德华·苏贾在其"空间三部曲"中的第二部《第三空间：去往洛杉矶和其他真实和想象地方的旅程》中阐明了他对"第三空间"的构想。引述此书中

文版译者陆扬的说法,苏贾提出的第三空间,既是生活空间,又是想象空间
(苏贾,2005)。还有其他学者认为,第一空间指的是具有具体物质形态的物
理空间,第二空间指的是思维构念的精神空间(黄继刚,2009)。因而第三空
间既是物理实体,又是思想容器,在社会学意义上可以把这样的空间称为"第
三空间"。

此外,在全球传播领域,巴巴(Bhabha)建构了文化上的"第三空间"的概
念,这里的"第三"强调的是打破传统二元论当中对某个事物的特定含义,描
述处于临界和模糊的空间,因而,"第三空间"是一个动态的话语场(史安斌,
2004)。

将博物馆视为"第三空间",在上述三个含义上都能找到富有启发性的研
究视角。从博物馆与城市的关系切入,奥尔登伯格和苏贾关于第三空间的阐
述对本书更具有启示。尽管他们对于"第三空间"的逻辑边界是完全不同的,但
在人与城市空间的关系上,达成了这样的共识:人创造了城市空间,而城市空间
同样具有生命,城市空间决定了我们能干什么,会想什么,以及和谁待在一起。

第三空间与前两个空间相比,最大的特点在于其公共性与开放性。与第
一空间相比,人们从家庭角色和工作任务中脱离出来,人们在第三空间中的
聚集是自愿的、非正式的,共处在放松又熟悉的文化氛围中,更容易与其他社
会成员产生相互联系的认同感。与第二空间相比,它又是公共的、开放性的,
消除了职场空间中的等级意识,成员之间是平等而自由的,从而能促进社会
整体的交往。从这个意义上讲,博物馆的空间比博物馆场馆本身更重要,是
城市社交、情感沟通和智识发展的场所,是给人们生活带来活力与意义的社
会文化中心。

站在城市的角度来看,博物馆的空间属性具有新的内涵,它既是物理的
实践空间,又是精神的构想空间,承载着促进城市居民平等交流、汇聚城市精
神、促进智识动态发展的功能。把握博物馆之于城市的"空间意义",是认识
博物馆媒介属性的关键一环。

四、博物馆与地方感(Sense of Place)

博物馆作为城市空间的一部分,与当地人对城市的感知、外来者对城市

的感知有密切的关系。学者用"地方感"(sense of place)这个概念来描述个体对某个地方在认知和情感方面的总体感受。地方感看似是一个人文地理学或心理学的概念，其实它与媒介形态变化带来的社会变迁有千丝万缕的内在联系。

梅罗维茨所撰写的传播学经典著作 *No Sense of Place*(Meyrowitz, 1985)，被译为《消失的地域》。有传播学学者提出：这个翻译是不准确的，这样翻译在一定程度上误导了读者，更为贴切的翻译是《缺失的地方感》(袁艳, 2006)。因为梅罗维茨在这本书中阐明的主要观点是：新媒体重新定义了人们关于地点和位置的概念，使得人们的个体经验和特定的物理空间概念分离开来。他认为，电子媒介摧毁了我们的"本土意识"(sense of location)，每个地方看起来都很相似，一个地方独特的、无法替代的意义，以及这些意义的重要性就降低了。

如果正确的翻译是"缺失的地方感"，那"地方感"的具体内涵是什么呢？地方感的缺失意味着什么呢？博物馆的"空间特性"与地方感的得失又有什么关系呢？

第一，地方感是在空间感的基础上产生的。确切而言，地方感是人们通过身体(body)在空间中的运动形成"空间感"，再由心性(mind)的加工形成个体生命与地方之间关系的感受(Tuan,1978；王健等,2016)。从空间到地方，是个体给空间下定义(definition)并赋予意义(meaning)的过程。

第二，地方感往往与价值感紧密相连。在《经验透视中的空间与地方》(*Space and Place：The Perspective of Experience*)一书当中，这样写道，"空虚(empty)、拥挤(crowed)、疏离(alienated)、认同(identified)、亲切(kind)、权力(power)、美感(beautudy)、神圣(sacred)、神秘(mysterious)都属于地方感的范畴"(Tuan,1978)。从空间感和地方感的对比中，更容易理解地方感的内涵：如果说空间感是偏向自然的，那么地方感就是偏向文化的；如果说空间感给人以"自由感"，那么地方感给人以"安全感"；如果空间感是"去价值化的"，那么地方感就是"附带价值的"(王健等,2016)。宋秀葵(2014)解读段义孚的思想后，把"地方感"提炼为"具有既定价值的安全中心"，并提出：凡是能满足人心理或精神需求，使人感受到价值的存在之处都是地方，这类地方不仅仅是城镇、社区和住所。作为历史和集体记忆的承载容器，博物馆显然更具有丰富的内在价值。

在与环境心理学有关的测量文献中，笔者找到了更具有操作性的描述，它包含三个层面，分别是对这个地方的基本知识（knowledge of this place），对这个地方产生的归属感（belong to this place），以及对这个地方的依恋感（attach to this place）（Jorgensen et al. ，2001）。

梅罗维茨言说的"缺失的地方感"，是主体对地方以及地方边界、地方特色失去感知，也是与特定地方情感的断裂、依恋的消解。闵冬潮（2008）认为这种趋势会让生活在某一特定空间中的我们对这个空间视而不见，丧失对不同空间多样性与差异性的重视与认知。

而重获地方感的必经之路就是对特定地域的自然、文化和社会知识的重新关注。地方感是人们通过自我感官技能对环境产生知觉和经验，然后对环境做出评价，继而依据所评价的价值观对环境做出回应。地方感并不是凭空得到的，而是产生于人与时空、地方的互动关系里。地方感是一种个体化的体验，每个人选择的空间不同、感知到的事物不同，评价出的价值也会有不同。

博物馆，特别是地方的博物馆，或者是带有明显地方、城市、区域和国家认同的博物馆，是重获地方感的历史场所，从地方感的三个维度上看，对于地方的相关知识，以及在了解的基础上与这个地方产生情感联结，都可以通过走进博物馆获取，给人一种来自本土的、生活的、厚实的渊源感。例如，有学者指出，博物馆能帮助人们理解城市的过去、现在和未来，公众既是博物馆的参观者也是参与者，博物馆帮助公众与城市建立起新型的、紧凑的关系（单霁翔，2011）。

"以时间消灭空间"是媒介技术发展对传播时空改变的经典论述。空间处在被消灭、被忽视的边缘化位置，被简单地看作社会活动的舞台，并不具有生命力。空间与时间一样，都是考察媒介现象和传播活动不可或缺的重要坐标。忽视空间，就使得传播学研究丧失了对空间互动和社会关系的深刻把握。在经典传播主流研究范式中，空间是缺席的，对空间的关注是远远不够的（袁艳，2006）。

按照不同的感知维度，空间被分为实在空间（物理空间）与虚拟空间（关系空间）或自然空间与社会空间。实在空间（自然空间）指的是具体的、有形的、能被感官直接感知的空间；虚拟空间（社会空间）指的是人与人或人与物之间相互影响、相互制约的关系(李彬等,2012)。

我们谈博物馆的空间特性,涉及博物馆作为物理空间的自然实在属性——这个层面的空间性,影响的是信息的传播方式,传播依靠的中间介质、传播的过程、传播实现的场所以及传播的表达过程。同时,这一空间属性也与参观者的传播体验、参与传播的感官、卷入传播的认知和情感情绪反应有着密不可分的关系,对物理属性、自然空间的关注属于对博物馆空间性的第一个层面的探讨。

第二个层面,指的是对传播空间的意义生产和生产机制的解读和探讨,关乎传播空间的社会属性,即传播空间如何影响人们的交往方式、沟通方式,进而影响人与人之间关系的建构方式。在第二个层面的基础上,我们把讨论的空间主体进行了一些拓展,把由媒介产生的人与人之间的联结改变拓展到博物馆作为城市文化空间,如何成为奥尔登伯格所说的"第三空间"——城市的起居室,进而探讨博物馆如何利用其地域特色,帮助人们找回"缺失的地方感"。

第三节 "记忆+创造力":
兼顾传播场域的时间与空间

一、重构文本,弥合内容的时间跨度

重构指的是对记忆内容的重新组织和再加工。此前我们谈到,时任辽宁省博物馆馆长马宝杰对"记忆"和"创造力"二者的能动关系做了这样的阐述:要探索如何发挥创造力,使遥远的古人记忆变成当今人们的记忆;把模糊的记忆变成清晰精准的记忆。这一论述清楚地阐明了"创造力"重构"记忆"的目的:在内容方面,要使得展品所承载的遥远的、模糊的内容,变成今天的受众可以感知的,并且可以清晰感知的内容。然而上述论述只是阐明了"重构"在内容上的作用,没能从形式上探讨"创造力"如何作用于"记忆",使得记忆的载体在形式上得以丰富多样。

从内容上对记忆进行重构，弥合媒介文本的距离、模糊和断裂，具体而言，有如下几种实现的可能。第一，从"拉近距离"的角度出发，可以重构记忆的内容，以当下人们容易接受、更感兴趣的方式，呈现展品所承载的记忆文本。《如果国宝会说话》的文案用寥寥数语就把距离我们千百年的故事与当下人们的生活联系在了一起，因此俘获了大量年轻人的心。

例如，距今已有 3500 年历史的三星堆青铜人像的海报文案是"说我像奥特曼的你别走"，由于当季首播时间是 2018 年的 1 月 1 日，此前的宣发时间正值圣诞节，原本青铜色的人像置于海报的绿色背景之下，又被装扮上了红色的领结，最具创意的是在头顶设计了金色的麋鹿角，使得原本严肃威武的人像立刻变得亲民又喜庆，再加上一句"我就是那个闪耀全场的 Party King"，让人不禁莞尔。再如，距今有 3600 年历史的甲骨文骨片的海报文案是"因为刻骨，所以铭心"，巧妙地把文字刻在龟甲兽骨上，让流传千年的历史内涵以人们熟知的、饱含深情的成语"刻骨铭心"来表达，既贴切又有温度。典藏于中国国家博物馆、距今有两千多年的东汉击鼓说唱俑的海报文案只有两个字——"C 位"，恐怕博物馆专家、专门研究汉代历史的史学家绞尽脑汁也无法参透文案的内涵，而年轻人却能秒懂这个网络用语：这位两千多年前的民间 Rapper（说唱艺人），今天终于扬眉吐气地 C 位出道了（C，center 的简称，意为站在中间的位置）。这些海报文案精准地把握展品的历史文化内涵，找到内涵与当下生活的内在联系，用巧妙的语言简洁地表达出来，体现了创造力通过重构记忆，缩短了文本与受众的距离。

第二，从"减少模糊"的角度出发，我们可以提供多维度的、丰富的信息，尽可能地还原甚至重新创造细节。因为细节往往是打动人的，关于展品的细节信息越充分，越能激发起参观者的兴趣和想象。事实上，创新实践的着眼点既可以从内容出发，也可以从形式出发。麦克卢汉在关于冷热媒介的论断中谈到，热媒介比冷媒介的清晰度高、细节丰富，从而不需要用户投入过多的认知努力。这启示我们，对于模糊度很高的文本，应该进行创造性地"加热"处理，例如从文字到图像的转化，从图像到影像的转化，从二维平面到三维立体展示的转化。

第三，从"弥合断裂"的角度出发，我们可以为展品所承载的记忆文本构建历史参照系，为参观者进入历史、理解历史提供方式和参考标尺。在展示距今年代久远的珍宝时,不能仅从历史价值和美感的角度入手,而是要在当下时代的语境里,强调这些本属于历史的物件与现代生活的关系。例如,2018年中国民族博物馆策展民族服饰,将展示主题定位为"用传统互联现代""用现代点击传统""旧裳新尚"①,旨在为参观者呈现一条从过去到现在、从现在到未来的历史脉络,带领参观者从过去的文化记忆中找到启迪生活的钥匙。

后文的案例分析将着眼于前沿的博物馆实践如何在内容和形式上创新,对展品所承载的媒介文本进行重构,从而拉近与参观者的距离,使展品所传达的内涵清晰丰满、有机连贯。

二、创新形式,实现传播的时空平衡

从英尼斯对媒介时空偏倚的分析视角来看,博物馆的媒介属性使其不利于在空间维度上拓展延伸。博物馆在物理空间意义上是恒定的,一般意义上,我们想要参观博物馆,都需要亲临现场。同时,展馆空间是有限的,从容量上来说,博物馆在同一个时间段内能容纳的参观者是一定的,考虑到保证参观者有较好的体验,博物馆甚至需要将这一数量控制在较小的范围之内,使得参观者有空间、有足够的逗留时间对展品"凝视",而不是被挤在人群里。此外,博物馆通常会在一周当中选出一天时间闭馆,做维护和修整。

总而言之,博物馆的空间属性,决定了它是恒定且容量有限的。因此,"创造力"从空间属性谋求突破,使其具有空间偏倚的媒介属性,则需要从改变其固有的空间形式着手。

从理论上来讲,第一,博物馆可以构建虚拟的空间,当前技术已然推动博物馆从打造具有数据库功能的数字博物馆发展到具有拟态场馆空间的虚拟博物馆,从而让"恒定"的博物馆随数字信号在全世界范围内迁移,在设备和应用的辅助之下,依然可以获得"立体、有深度的形象体系",甚至获得前所未有的近距离参观体验。此外,虚拟空间没有容量限制,也没有时间上的访问限制,极大地拓展了博物馆在空间范围内所能触及的受众。第二,博物馆可以走出固有场馆,嵌入其他生活和社会空间中,把参观行为融入人们的日常

①　https://www.cnmuseum.com/page_show.aspx? id=495。

生活场景中,有机地和人们的日常行为联系在一起。

在接下来的案例分析中,我们将从这些视角出发,分析当前博物馆的传播实践,如何用创新的空间形式拓展传播的空间维度。

第四节　案例分析

一、改写文本,讲述前世今生:《国家宝藏》

前两小节探讨了博物馆媒介的时间特性和空间特性。在时间特性方面,分析了博物馆媒介文本内容通常具有较长的历史跨度,所传播的内容对受众来讲是有距离感的、模糊不清的,是断裂的。创新的传播实践,从弥合媒介文本的历史跨度入手。

媒介文本,承载着记忆的内容。改写媒介文本,把展品所承载的记忆用鲜活的、创意的方式表达出来。2018年央视推出的《国家宝藏》节目,在媒介文本内容和形式的创新上,非常值得借鉴。有效的创新体现在两个方面:

第一,设计核心环节"前世今生",弥合媒介文本的跨度。讲述文物历史故事与当代的故事,并让二者产生联系。记忆并非遥不可及、与现实生活毫无关联,这样的设计,把文物所承载的记忆与当下有机地结合起来,在文物与人之间建立联结,拉近当代人与历史文物的距离,从而减少断裂感。

第二,创新文本内容,提高信息的清晰度。通常,媒介文本以文字解说的形式,或者是语音解说的形式,在展品旁边呈现出来。参观者要逐字逐句阅读,发动想象,才有可能领会背后的故事。《国家宝藏》采用了短剧的形式,让"守护人"用充满戏剧冲突、拟人和穿越的方式,勾勒出展品背后的动人故事。与讲解文本相比,后者是清晰的、完整的。在创作团队的精心打造之下,剧本的内容有许多超乎想象的细节。这样的传播效果,恐怕是参观者自身付出多大努力也难以达到的。

本小节,以两件文物的故事为例,分析《国家宝藏》的"前世今生"环节与短剧表演和创意活动,如何通过文本的创新,弥合文本给受众带来的距离感、模糊感与断裂感。

第一个案例是"方罍之王"皿方罍的故事。皿方罍是商代晚期铸造的盛酒器，于1919年被发现（见图3.1）。1956年，皿方罍的器盖被湖南省博物馆保存，器身流失海外。2014年，经过多方沟通和努力，皿方罍器盖与器身终于实现合体，回到湖南省博物馆。

在分析节目创新性之前，我们先来看一下原本的媒介文本。皿方罍在展览时的文本说明交代了其出土时间、外观特征，并极为简短地介绍了出土之后，器盖与器身相互分离，器身流失海外，后来辗转重归故土的故事。这是博物馆中最常见的展品文本说明模式。

再来看一下《国家宝藏》是如何讲述这个故事的。节目组在这段史料的基础上，巧妙地创作了一个维妙维肖、引人入胜的短剧。节目组采用拟人的方式把罍盖比作弟弟，罍身比作哥哥，两件器物的分离被喻为跨越世纪的兄弟失散。在两位演员的精彩演绎下，宝藏拥有了情感和生命，流离国外几经周折的哥哥罍身数次被推上拍卖台，回家的愿望不断破灭。哥哥罍身与身在国内的弟弟罍盖互诉手足之情，与同被推上拍卖台的青铜器之间无奈的对话，与法国倒卖文物者争吵，对最后一位收藏者新田栋一坦陈心意，新颖的表现形式使得"宝藏流失海外"的故事变得有血有肉、牵动人心。一切与皿方罍有关的历史史料无需通过复杂的年表来呈现，几段充满冲突的精彩表演便给观众留下深刻的印象。

《国家宝藏》用独特的演绎方式为"文物活化"提供了很好的范本。作为展品的文物是有生命的，生命力蕴藏在其承载的文化记忆之中，从文化记忆中挖掘到闪光点，以恰当的方式表达出来，让博物馆的媒介文本和所承载的记忆，变得亲近、清晰和连贯。

第二个案例，是《国家宝藏》举办"我写国宝广告语"的活动。采用用户生产内容的方式创作博物馆媒介文本，拉近博物馆与受众的距离。

在博物馆传播语境中，博物馆专家对应的是专业媒体，全权负责撰写讲解的文本。如今，文本开始部分选用参观者撰写的内容，已然不是新鲜事了。《国家宝藏》在节目中以及微博平台向网友征集国宝的宣传广告，并将选择结果发布在各个平台。从传播学原理分析，引入用户创建的文本，可能出于以下三点考虑。

　　第一，通过提升卷入度（involvement）来提升传播效果。卷入度指的是个体与某个事物、某件产品、某个活动与自己相关程度以及对自己重要程度的感知。具体而言，卷入度又分为情感卷入和认知卷入，分别指个体的感性和理性的投入程度。卷入度的概念在广告心理学中被广泛地研究与应用，探讨产品如何积极地调动消费者的理性分析和情感喜好来促进消费行为。博物馆鼓励用户生成展品相关的描述性、解释性文本并加以遴选、使用，正是通过让参观者对博物馆展品进行研究、撰写并发布，提高了认知卷入和情感卷入，让参观者对展品更了解、更亲近，让解说词天然地与参观者联系在一起，从而极大地增强参观者对博物馆的黏性。

　　第二，传播者的属性影响传播文本。一方面，参观者生成的解说词较之博物馆研究人员的版本，显著地褪去了专业性，增加了个人特征和生活色彩；另一方面，多元化的内容生产主体，极大地丰富了文本生成的视角，让原本古老的、看似一成不变的记忆载体有了生命和时代感。

　　第三，用户生成内容的机制，使得"撰写解说词"这一博物馆（内）的日常工作流程成为具有社交属性的大众活动。在创建平台上，参观者之间就创建内容开展交流和分享，发现旨趣相似的朋友，拓展线下交往的可能与密度。

　　《国家宝藏》用"前世今生"、短剧和"我写国宝广告语"的活动，拉近了媒介文本与受众的距离，活化了展品所承载的记忆，实现了更好的传播效果。

　　然而，《国家宝藏》自身的定位是一档综艺节目，注重娱乐性，并且要考虑到广大观众的受教育水平和接受能力，所以一定程度上牺牲了内容的严肃性、严谨性和知识性。为了故事的戏剧性和完整性，部分虚构的内容可能会误导观众，此外，过于凸显"情怀"也伤害了节目的批判性和深刻性。

二、组合文本，艺术史与时装秀：V&A 博物馆

　　艺术博物馆里储存着人类对美的追求。从古至今、从东方到西方，美的定义是不断流变的，这也使得参观者在审视某种美的形态时，可能会觉得陌生和不解。或许，为美是什么提供一个尺度，把过去和当下的美设置为相互的参照，能为人们理解美的流变与艺术的发展带来帮助。

　　本节选取英国维多利亚和阿尔伯特博物馆（Victoria and Albert Museum，简

称 V&A 博物馆）的案例，分析当艺术博物馆与时装秀联手时，可能为人们获取"美的记忆"建构参考的尺度。

维多利亚和阿尔伯特博物馆是以英国女王和阿尔伯特公爵的名字命名的装置及应用艺术博物馆，馆内收藏了各种工艺品、珠宝和家具，馆内藏品跨越上下两千年，总数多达 30 余万件。该博物馆在伦敦的博物馆中享有非常独特的地位，它最为人们所推崇的是"欧洲服饰发展史"的展厅，里面陈列着欧洲各国，特别是时尚服饰业发达的法国和意大利的时装发展历程（见图 3.2），向来访的参观者们讲述关于美、关于艺术和设计的变迁。

维多利亚和阿尔伯特博物馆举办过多次时装和鞋履展：2015 年，英国时尚界鬼才亚历山大·麦昆的"野性之美"（Alexander Mcqueen "Savage Beauty"）在这里展出（见图 3.3）；2016 年，华人设计师刘璐的春夏时装秀在这里拉开帷幕；2017 年，巴黎世家（Balenciga）主题内衣展，展示了内衣、婚纱、高跟鞋等的发展历史；2018 年 4 月至 2019 年 1 月，维多利亚和阿尔伯特博物馆举办以"自然时装"为主题的时尚展。

艺术博物馆与时装展联手，为什么可以帮参观者更好地理解关于美的记忆？维多利亚和阿尔伯特博物馆，用跨越上下两千多年的展品，为参观者描绘了美的变迁史，以此作为美学发展的标尺。

美学大师李泽厚（2009）在其代表性著作《美的历程》中曾谈到，关于"什么是美"这一问题，从来都没有固定的、标准的答案。他追溯中国历史上各个时期对于什么是美，给出了兼具历史视角、社会视角和艺术视角的深刻分析。既然美是具有历史性的，那么它就是一个不断流动、不断生长的变化的概念，过去古人认为美的事物，在现代人看来可能是面目可憎的。例如商周时期的饕餮——这种具有暴力色彩的符号，在现代人的眼中可能是狰狞、恐怖的，而在商周时期，没什么能比这个符号更能体现个人身份的优越和尊贵了。

艺术博物馆为时装展提供了跨越不同历史时期的美学参考坐标系，让人们将当下对于美的定义和判断，置于广阔的历史背景和人类视域中，进行多层次、多维度的考量。艺术博物馆本身也是一本美学大辞典，分门别类地汇编着千百年里人们对美的求索和尝试。以时装为主要展品的时尚展，展现的是当下人们对于美的定义和内涵的拓展，是时代性的、变幻的，也是流动的，它反映的是此时此刻人们对于美的判断和期待。艺术博物馆和时装展的联手,把"美的记忆"这一主题的文本进行拼接和重组。前者给后者提供了历史参照尺度,后者给前者提供了进入历史的方式。

　　本案例论证了时装展与博物馆传统的艺术展可以构成组合文本,互相形成参照,给参观者提供理解艺术变迁的参考坐标系,同时能够吸引爱好时装展的人群走进博物馆。然而,时装展与传统艺术展组合的过程中,是否真的能够挖掘二者内在的、深层的联系,使二者在主题、内涵、形式等方面成为有机的整体,而非仅仅流于表面组合——处于博物馆同一个空间当中,仍然值得探讨和反思。

三、转化文本,从画作到电影:"挚爱凡·高"

　　此前,笔者论述过博物馆是时间偏倚的媒介。偏倚时间的媒介难以远距离运输,并不会进行频繁的、大规模的空间移动。就博物馆而言,展品极少进行空间移动。中国国家博物馆副馆长陈履生曾经在央视的一档栏目《开讲了》中谈到,国博曾跟荷兰阿姆斯特丹凡·高博物馆接洽,想要借凡·高的几幅名作,放在国家博物馆展览一段时间。虽然几经努力,但由于保险费用、运输费用以及凡·高博物馆的规定限制等,这个愿望没能实现。[①] 对中国的观众来说,想要亲眼看到凡·高的作品,恐怕只能飞到阿姆斯特丹了。由于展品的不可再生性,只有极少数展品在付出了巨额成本的情况下,才实现了空间移动。

　　2017 年 6 月,世界第一部全手绘传记类动画电影《挚爱凡·高》(*Loving Vincent*)在国际电影节首映。这是一部讲述凡·高生平的电影,与我们探讨的博物馆文本有什么关系呢? 因为这一部依托凡·高博物馆而创作的电影,如果离开博物馆的展品,就不可能存在。最重要的是,由于电影画面的 65000 帧都是由博物馆的展品转化而来,故事剧本是在博物馆所收藏和展出的 850 封书信的基础上创作而成的,所以就这部电影而言,与其说它是个独立作品,不如说它是博物馆展品的转化,原本以展品为媒介文本,现在转换为以电影画面为媒介文本。我们知道一般大众媒介都是偏倚空间的媒介,电影当然不

① http://tv.cctv.com/2016/04/24/VIDEmlQrPHmizk6xtNvOvz7c160424.shtml。

例外，由此，凡·高博物馆由原本的偏倚空间，通过《挚爱凡·高》，实现了向偏倚空间的偏倚，达到了英尼斯所言的"传播的时空平衡"。

进一步分析《挚爱凡·高》是如何将博物馆原始的展品文本转化为电影画面文本的。电影的整个创作、制作的过程，几乎完全依托博物馆展开。故事创作的基础是凡·高生前与弟弟往来的 850 多封信件（见图 3.4），核心故事是通过邮差的视角来描绘凡·高自杀身亡之前的故事。这 850 多封信和 130 多幅画作，大部分都来自阿姆斯特丹的凡·高博物馆。电影有 65000 帧画面，由 125 名专业油画师基于凡·高的 130 多幅画作绘制而成。[①]

2014 年，在电影研究和制作的早期阶段，《挚爱凡·高》的团队就开始与凡·高博物馆合作。博物馆馆长阿克塞尔·鲁格（Axel Ruger）认可了电影的整个创意和剧本。制作团队在创作前期多次采访博物馆的专家，与这些专家讨论凡·高的绘画技巧，模仿凡·高的笔触，研究颜料的使用、干燥的时间和画作的纹理。制作团队的画家不仅仅是模仿，更多是琢磨凡·高的绘画风格，力图让这 65000 帧画面具有凡·高的神韵。

电影当中的两个人物让达姆·瑞格纳里姆（Gendarme Rigaumon）和步兵（The Zouave），是基于阿姆斯特丹凡·高博物馆里展出的画创作出来的（见图 3.5、图 3.6）。其中，图 3.5 和图 3.6 的左侧是博物馆中凡·高画作的局部，右侧是电影中依据画作创造出的人物，此外，电影画面当中很多自然景观和景物均来自馆中展出的画作，例如电影一开始的画面，就是凡·高最著名的画作之一《星空》。2016 年初，制作团队将影片的前 20 分钟放在博物馆中试映，并公开向参观者征集意见。

在博物馆与电影创作团队通力研究和创作中，博物馆储藏着最原始、最全面、最富有启发性的创作素材，也就是关于凡·高短暂一生的宝贵记忆。博物馆按照年代，从凡·高的孩提时代、职业选择、几段感情故事，呈现了凡·高的一生。850 封书信和数千幅画作，是接近凡·高真实生命过程的最可靠的素材，每帧画面都来自凡·高的画作和当中的元素。导演并没有通过想象创作画面，制作的精髓体现在让信件里的故事在凡·高的画作中发生、发展，让凡·高生命的最后阶段重新在画作里展现出来。《夜间咖

---

① https://www.vangoghmuseum.nl/en。

啡馆》成为故事发生的场所，《星空》成为故事里的自然背景。

电影的导演谈到，有些事实细节在凡·高的书信中难以寻求，剧本中对这一部分进行了想象，这些创作是与凡·高博物馆的高级研究者反复沟通并得到确认的。[①] 对于事实的研究，始终是这部作品的基石。创造性地运用凡·高博物馆中的画作，才使得碎片化的、离散的素材变成一个动人心魄的故事。

在《挚爱凡·高》的案例中，我们解读了媒介文本的转化，使博物馆的传播从偏向时间到实现传播的时空平衡。也更加深刻地理解了"纪念"与"创造力"两者之间的内在逻辑。凡·高的画作和书信，是后世可以"记起"凡·高最直接的渠道，是关于这个传奇画家的所有记忆，透过《向日葵》《自画像》等作品，参观者仍旧要发挥充分的想象，去想象凡·高作画的场景，揣测他当时的心境和他的精神状态。因而，画作仍是静止的、抽象的、模糊的，也是断裂的。回到此前对媒介文本特性的分析，电影画面与画作本身相比，是动态的、具体的、清晰的，也是连贯的。借用麦克卢汉的观点，前者比后者"热"。电影编剧和导演帮助受众完成了大部分想象，这些想象并不是天马行空、毫无依据的，而是立足于博物馆的展品，经过研究和科学论证而来的。经过电影的二度创作，呈现在观众面前的不再是碎片化的凡·高，而是一个完整的、立体的、活生生的凡·高。

因此，媒介文本的转化，不仅通过电影拓展了博物馆的空间，实现了传播的空间偏倚，也因为媒介文本的创作和重组，把凝聚在画作中、书信中碎片化的信息整合成一个完整的故事，从而弥合了展品承载的媒介文本固有的迷糊感和断裂感。《挚爱凡·高》是博物馆文本高度贴合地转向电影文本的首次尝试，为博物馆传播创新实践提供了新的可能。

电影《挚爱凡·高》丰富了博物馆传播的文本形式，拓展了空间传播。然而，从展品到剧本、再到影像呈现，是内容和形式的再创作，凭借这一过程，凡·高成为有温度的、丰满的人物形象，画作本身也得以贯穿在他的生活轨迹里，更具有可读性。然而，创作本身也是有风险的，当展品所能提供的信息有限时，任何不够审慎的创作都可能带来适得其反的传播效果。例如，英

①　https://www.youtube.com/watch? v=4L8rdp8t6sI。

国批评家乔纳森·琼斯(Jonathan Jones)在《卫报》发文质疑电影预告片中关于凡·高自杀前一晚的情节设计，他经过考证认为该情节完全是虚构的，并且极易误导观众对于凡·高的理解①。因此，基于展品完成媒介文本转化时，尊重事实、严谨考证是必不可少的。

四、数字(虚拟)拓展传播空间：谷歌艺术与文化

虚拟博物馆是通过个性化、交互性等方式来替代、补充或增强博物馆体验的数字化博物馆实体。虚拟博物馆可以是实体博物馆的数字化形式，也可以脱离实体博物馆独立运作。数字博物馆或虚拟博物馆，以数字技术和互联网为依托，是偏倚空间的媒介，能够把博物馆展品以数字化的方式传播到世界各地任意一个角落。本小节，以谷歌艺术与文化项目(Google Art and Culture Program)为例，分析数字博物馆或虚拟博物馆如何拓展传播的空间。

谷歌艺术与文化项目是谷歌公司与 46 个国家 150 多个博物馆合作推出的在线平台，平台建立的初衷就是谷歌技术能使博物馆变得更加容易访问。用户可以通过这个平台欣赏超过 40 万件展品，获得极高分辨率的视觉体验以及关于展品的各种信息。接下来将从谷歌艺术与文化项目特定的功能出发，分析它如何拓展了博物馆传播的空间。

平台第一大功能是"虚拟参观"(virtual gallery tour)：谷歌把采集的展品图像上传至平台，在图像上嵌入了 GPS 信息，通过虚拟参观功能，用户可以像使用谷歌街景一样操作，点击博物馆的楼层平面图，就能在任意一家合作的博物馆空间中穿行，如图 3.7 所示。

通过虚拟参观的功能，任何人在任何时候、任何地方，只要有互联网接入，都可以访问谷歌艺术与文化项目，看到自己想看的展品。对特定的人群来说，这一功能极具意义，对没有能力承担参观博物馆所需费用的人、有身体障碍难以在博物馆空间中自由移动的人，现在足不出户就可以看到许多著名的展览。这一功能也可以应用于教学和研究场景，例如，在艺术课堂上，老师

---

① https://www.theguardian.com/artanddesign/jonathanjonesblog/2017/jan/23/we-must-rescue-van-gogh-loving-vincent-film。

可以带领学生进行虚拟的调研。

　　虚拟参观的功能突破了空间的有限性。在真实的博物馆空间中,一定时间内容纳的参观者是有限的。荷兰的凡·高博物馆门口,最常见的一幕就是参观者排成了蜿蜒的队伍,笔者实地调研发现,参观者平均要等待半小时到一小时才能进入博物馆。排队的原因并非博物馆已经没有空间容纳他们,而是为了保障参观体验,馆内的人数必须控制在一个限度之内。否则过多参观者都挤在某一件展品前,无法获得良好的参观体验。因此,物理空间的有限性是博物馆的一个局限。在虚拟的平台上,基本不会存在这个问题,参观者之间也不会形成干扰。

　　第二大功能是"艺术品视图"(artwork view),用户可以放大目标展品图像,更详细地查看展品。显微镜视图(microscope view)功能提供了艺术作品的动态图像,以及相关的背景信息,帮助用户理解展品。有的博物馆还提供了其他参观者撰写的观看笔记(viewing note)、艺术品历史和艺术家个人信息。有的博物馆把作品链接到谷歌学术(Google Scholar)和 Youtube 视频网站上,方便用户跨平台、按自己需求获取展品的相关信息。

　　用户放大展品图像,可以获得在真实的博物馆中不可能获得的感官体验,这个平台能给用户提供高达 10 亿像素的体验。以卢浮宫的三大镇馆之宝之一的《蒙娜丽莎》为例,笔者提供了现场观看效果和谷歌艺术与文化平台观看效果的对比(见图 3.8):左侧是笔者站在围栏处最接近展品的地方,以这个距离观赏《蒙娜丽莎》,与其说是欣赏,不如说把它当作合影的背景;右侧是笔者使用谷歌艺术与文化平台的手机 App,将展品的图片放大到 97％所看到的效果。用虚拟平台参观博物馆,能"走"到离展品更近的地方。从这个意义上来说,平台也拓展了博物馆传播的可及空间。

　　平台的第三大功能是允许用户创建自己的展品集(create an artwork collection),只要用谷歌账户登录,用户就可以从任何博物馆的馆藏中选取任意数量的展品,按照自己偏爱的角度把展品的图像保存下来,打造属于自己的虚拟展览,还能通过社交网站与他人分享自己的艺术品收藏。通过这个功能弥补虚拟参观过程中所缺失的与他人分享与交流的机会。用户可以按照自己意愿和目的,选择要分享的群组。例如,有学者通过这种方式,先把目标展品汇编在自己的展品集当中,在社交网站上与学生分享,并就此做了主题讲座。目前,平台支持包括中文在内的 18 种语言,尽可能地拓展传播可及的地区。2017 年,平台与包括故宫博物院在内的 28 家博物馆建立了合作。①

在数字和虚拟博物馆的发展进程中,不断地有质疑的声音,当虚拟平台使参观成为可能时,人们是否还愿意前往线下的博物馆,最终导致线下博物馆传播空间的萎缩。学者也就这一问题展开了研究,普遍的观点是,线上参观只是一种线下参观的补充,在获得虚拟的体验后,人们更愿意到博物馆进行实地参观,使用谷歌艺术与文化平台更像是一种"启动效应"(priming effect),激发了人们走进博物馆去探寻更真实的美的意图。

从谷歌艺术与文化项目的三大功能出发,我们发现它通过虚拟参观克服了实际参观可能存在的限制和成本,突破了博物馆物理空间的限制,虚拟视图的功能让参观者能够最大限度地接近展品,创建个性化的展品集并通过社交网站的功能拓展了传播的范围。此外,虚拟的在线访问并不会替代真实的参观,而是作为一种选择方案,在博物馆物理空间传播受限时,使参观成为可能。

五、踏出"馆舍天地",嵌入出行场景:公交数字艺术亭

单霁翔(2010)在探讨 21 世纪需要什么样的博物馆时,谈到未来博物馆必须从"馆舍天地"中走出来,关注民众、介入社会,要超越传统范畴,突破固有的空间形式和固定模式。

美国得梅因市交通管理局(Des Moines Area Regional Transit Authority)与得梅因艺术合作协会(Des Moines Art Collaborative)合作,在艾奥瓦州波克城(Polk Country,Lowa)的 130 个公交站设立了"D-ART"数字艺术亭,可以说是博物馆踏出"馆舍天地",走近公众生活的一个典范。

这 130 个公交站,足以覆盖整个波克城,市民乘坐公交车时,在等车、下车和换乘时,可以利用碎片化的时间,在公交站亭里面,与数字博物馆化的电子屏幕进行交互(见图 3.9)。公交站亭的名字 D-ART,是数字艺术(Digital

---

① http://www.traveldaily.cn/article/118971。

Art)的简称，即通过数字技术对博物馆中的艺术品进行图像采集，在公交站亭内部的可触摸的显示屏上呈现出来。市民可以按照自己的偏好选择特定的主题，对展品图像进行一系列的操作，例如缩放、链接到类似展品，查看同一作者的其他作品等。数字公交站亭，汇集了与艺术合作协会有合作关系的、世界著名的艺术博物馆中的馆藏，让市民在仅有几平方米的公交站亭内，就能饱览世界各地艺术博物馆中的展品。交互式的操作也大大提高了用户的欣赏体验，增加了实地参观过程中可能难以获得的自主选择性和互动乐趣。

最为重要的是，博物馆用这种方式踏出了物理场馆，突破了固有的空间边界，并且有机地与人们的日常生活场景结合在一起。让参观博物馆从一个必须专门抽出时间参与的活动，变成在必要的生活活动中的伴随性活动。

以往，我们谈及"参观博物馆"这一活动时，必然伴随一连串的心理准备、物质准备和计划。例如，首先要拿出一段可以自由支配的时间，至少是半天到一天的时间，如果有人相伴出行，还要协调所有参与者共同的可支配时间，这就是为什么博物馆往往在节假日一票难求、人满为患。然后，就要考虑去哪家博物馆，具体位置在哪里，进而选择适当的交通方式。此外，相伴随的活动还有购票和简单的信息检索，了解博物馆展出的基本信息。有时这些伴随活动是可有可无的，而有时是不可避免的。如上的几个限制条件，让参观博物馆成了一项颇为"奢侈"的活动，一个条件不满足就很难成行。此外这份"奢侈"，也让博物馆离大多数紧张而忙碌的城市人越来越远。

我们谈及要拉近博物馆与公众的距离，除了鼓励人们多造访博物馆，还有一种方式是让博物馆通过各种可能的方式，走进人们的日常生活，融入人们的生活场景。衣食住行是贯穿人类发展的生活场景，无论人们如何精简日常活动，这些活动仍然是必要的。在不可避免的日常活动和空间中寻找博物馆融入的机会，也成了博物馆人努力思索的突破口。

要把博物馆融入日常生活中，就意味着欣赏展品的活动一开始是伴随性的，并非专门性的，不能占用过多的体力和认知资源。广播能够充分地融入生活，是因为它的侵入性很小，因而伴随性很强，在驾驶、运动、用餐时，都不会占用主要活动的感官通道。另外，欣赏展品的活动应该是碎片化的，要与日常安排兼容，是"见缝插针"的行为。参观者无需专门腾出大块时间造访博物馆，利用等车或换乘的间隙就能够欣赏展品，电子屏幕交互式的设计使得参观者能够选择、缩放展品图像,付出最小的努力就可以在不同展品之间自由切换。把欣赏博物馆展品融入每个人必然的、例行的生活场景中,是博物馆放下姿态主动走进人们日常生活的尝试,是创造性地让博物馆以润物细无声的方式传递给人们滋养,让欣赏博物馆不知不觉地成为与出行相伴的新的行为模式,让博物馆承载的记忆在充满创意的方式中得到传承。

数字艺术亭突破了空间位置、改变了空间形式。相应地,传统博物馆空间所特有的传播属性与其传播优势,将不再适用包括本案例在内的、相似的传播手段。例如,所有通过数字技术呈现的展品都是展品的复制,并非原作本身。而本雅明(2006)认为,"复制"使得艺术失去了光环,不再是独一无二、不可替代的。

复制行为本身与复制品,使得原作的深度感、立体感、神圣感被不可避免地牺牲了。此外,参观博物馆绝不仅仅是欣赏某一件或某一些展品,而是一种综合的体验与感受:展馆本身、空间设计、其他参观者、其他展品共同构成参观过程的背景音、欣赏和理解展品的参照系与上下文。事实上,诸如公交数字艺术亭等多种形式的空间拓展手段,更多是对传统博物馆传播的补充,使博物馆有机会触及更多人。

六、文创产品,传播时空共振:故宫博物院的快闪店

记忆通过客观可感的文化符号来记录和表达。文化符号可以按照形式、抽象度等多种角度进行分类。有些符号造型独特、色彩明快、意义鲜明、辨识度很高,非常易于转化,被创造性地运用到了创意产品中,成为"最后一个展厅"(纪念品销售厅)中备受参观者喜爱的商品。2018 年春节前夕,故宫博物院首家快闪店在三里屯掀起了文创产品购买高潮,再次刷新了文创产品作为传播载体所能触及的传播广度。跳出博物馆内的纪念品销售厅,融入日常生活和人际交往之中。博物馆文创产品作为文化记忆的活化体,在时空中流转,将艺术带给人的飨宴延续到博物馆之外,文物所承载的精神和意象也因而无远弗届。

文创产品拓展记忆传播的空间。博物馆文创产品的在线交易和快闪店的备受推崇表明了文创产品并不一定要在展馆内占据物理位置,而可以脱离

博物馆母体,成为拓展传播的新触角。文创产品在博物馆中,借助了参观者对展品在当下捃出的热度,例如刚刚在展厅内,参观者在凡·高的自画像前驻足良久、唏嘘不已,随后在转角的纪念品店就看到了自画像图案的胸针和明信片,不禁心生戚戚,毫不犹豫地买下作为纪念凡·高的信物。而通过在线平台选购纪念品的消费者,往往早已完成了与凡·高的相知相遇,他们无需踏入博物馆被展品燃起购买的欲望,生活趣味或人际交往等因素反而是促成消费的动力。在这样购买与消费的闭环中,无论是消费者将文创产品作为增加生活情趣的装饰品,还是把它们当作具有特殊文化内涵的礼品赠与亲友,其所承载的文化记忆都完成了一次人内或人际传播。这个传播过程是在博物馆之外进行的,因而我们说,文创产品的购买和消费,在空间上拓展了博物馆记忆的传播。

文创产品从时间上拓展了博物馆记忆传播,与空间上的拓展是相互联系的。第一,传播过程不依附于一定的物理空间,摆脱了"处于物理空间内"的限制。此前我们探讨博物馆的传播,涉及两个层次,一个是"场馆内外",一个是"大千世界"。前者指的是参观者在博物馆之内、物理空间之内的传播,后者指的是突破博物馆的空间,将博物馆传播范围拓展到无所不包的生活空间之中。随着文创产品的购买和消费不再拘泥于博物馆物理空间,与之相对应的传播过程也突破了"置身馆中"的时间范畴。可以说,借由文创产品触发的文化记忆的传播与交流,可以随时随地刺激产品的购买与消费,博物馆记忆的传播得到了时间维度上的拓展。第二,"现实时间"与"记忆承载时间"有机会实现共振,强化记忆的传播效果。在这里,现实时间指的是正在进行的、物理概念上的时间,"记忆所承载的时间"指的是展品内涵里可能涉及的时间概念。

例如,2018年是农历狗年,各大博物馆都展出了与狗相关的展品,如国家博物馆的狗形鬶(见图3.10),展示了古人巧妙地利用狗的身体形状做成烧煮用的炊具,兼顾美观与实用;故宫博物院展出的明代青玉卧猎犬,展现的是猎犬随主人打猎时休憩的场景。博物馆还特别推出了专题展,中华文明的狗文化在狗年通过博物馆得到了前所未有的集中关注和传播,以狗为造型的创意礼品借助时机成为当年的亮点。

故宫博物院在狗年推出"绿色海棠菊纹缎狗衣"(见图3.11)。院长单霁翔就狗衣的创意引经据典，谈到乾隆皇帝请人把自己最爱的十只狗画成《十骏犬》，当时皇宫禁吃狗肉，给狗设计了专门的衣服。一件富有创意的文创产品恰逢合适的时机，牵起了一串文化记忆与故事。

博物馆文创产品承载着文化记忆的元素，融合了创意生活的理念，将博物馆传播带到物理空间之外，融入日常生活之中，拓展了传播的空间。创意产品中的记忆元素与节庆元素相遇，利用时间节点强化传播效果。文创产品，在时间和空间两个维度上，强化和延伸了博物馆的传播。

第五节　本章小结

首先，本章从英尼斯关于传播媒介的时空偏倚理论出发，通过比较博物馆和一般大众媒介，从时间和空间两个维度探讨了博物馆作为媒介的特殊时空属性。

从时间属性来看，博物馆是偏倚时间的媒介，有利于记忆的保存和文明的传承。相应地，其承载的媒介文本与当下的生活通常有很远的距离，因而内容是模糊的，属于麦克卢汉所说的"冷媒介"的范畴，参观者需要充分地想象、付出较大的认知努力才能充分理解文本内涵；此外，从文本结构来看，博物馆保存下来的记忆文本是零散的、断裂的，往往脱离了原本的生境，很难给参观者呈现一个完整的叙事框架。

从空间属性来看，第一，与消费一般大众媒介的过程不同，参观博物馆是在空间中建构出一套立体的、有深度的形象体系。第二，个体参观的同时会伴随着他人在场，与之相关的社交活动会显著地改变传播过程。数字技术和以互联网为依托的新媒体重新定义了博物馆的空间在场——他人可以通过虚拟现实的方式，以"泛在"的方式存在。第三，博物馆是城市的第三空间，具有公共性和开放性，是城市交往、情感沟通和智识发展的文化中心。第四，博物馆是城市的文化符号，与当地的历史、文化与价值存在一定的联系，能使人们获得对该地的感知、理解和归属，从而帮助人们重获梅罗维茨所说的电子媒介的发展导致的地方感丧失。

其次，本章从理论上探讨了"记忆＋创造力"如何兼顾媒介的双重属性。

　　笔者认为结合博物馆媒介的时空属性，要重构记忆文本，创新记忆形式，使传播过程兼顾博物馆媒介的时空属性。

　　第一，从内容上对记忆进行重构，弥合媒介文本的距离、模糊和断裂。一是从拉近与受众距离的角度出发，可以重构记忆的内容，以当下人们容易接受、更感兴趣的方式，呈现展品所承载的记忆文本。二是从"减少模糊"的角度出发，我们可以提供多维度的、丰富的信息，尽可能地还原甚至重新创造细节。三是从"弥合断裂"的角度出发，我们可以为展品所承载的记忆文本构建历史参照系，为参观者进入历史、理解历史提供方式和参考标尺。

　　第二，从空间属性谋求突破，使其具有空间偏倚的特征，需要从改变其固有的空间形式入手。一是构建虚拟的空间，发展具有拟态场馆空间的虚拟博物馆。二是走出固有场馆，把博物馆嵌入社会空间中，融入人们的日常生活场景。

　　最后，本章用六个案例进行了具体分析。《国家宝藏》用短剧表演和创意活动，重构记忆文本，弥合文本给受众带来的距离感、模糊感与断裂感。英国维多利亚和阿尔伯特博物馆与时装秀联手时，通过文本拼接和重组，为参观者了解过往记忆提供参考标尺和进入方式。通过《挚爱凡·高》的案例，解读博物馆如何转化媒介文本，使承载的记忆具体化、清晰化、连贯化。通过谷歌艺术与文化项目的案例，论述虚拟参观能够突破物理空间限制，融入社交属性拓展传播的范围。用艾奥瓦州波克城的博物馆数字公交站的案例，阐释博物馆如何主动走出固有场馆，与人们的日常生活场景结合在一起。故宫博物院快闪店的例子论述了博物馆如何借助文创产品这一记忆载体，拓展传播空间，并结合特殊的时间节点，实现传播的时空共振。

第四章　博物馆传播场域的动力机制:过程特征与模式

博物馆是具有时空属性的传播场域,这个场域只有在公众以某种方式与之互动时才发挥效用,才具有生命力。本章探讨两个方面的问题:第一,博物馆作为具有特殊时空属性的媒介,就传播过程而言,有哪些特征? 第二,博物馆传播有哪几种模式? 这些模式的特征和过程是怎样的? 本章通过探究这两个问题来回答关于场域传播的动力机制的问题,即场域是如何发挥作用的。

第一节　博物馆传播过程特征

一、具身认知:身体过程影响认知体验

传播和身体的关系历来是分析媒介特征、传播过程和媒介发展脉络的重要视角。麦克卢汉探讨过不同媒介对人的特定感官功能的延伸。例如语言延伸了耳朵,印刷媒介延伸了视觉,电视同时延伸了听觉和视觉(麦克卢汉等,1992)。他把媒介对感官的影响总结为"统合"—"分化"—再统合(董璐,2008)。麦克卢汉认为,研究受众的感官参与和功能演变是传播研究中不可或缺的视角。

既往研究对博物馆传播过程中的身体参与,从主要关注视觉,到加入视听,再到关注更多嗅觉、触觉等其他感官通道,越来越体现出整合性的、全感官的分析。

人类思想发展史上,关于认知的身心二元论的观点长期占主导地位,但这一观点一直被学者批判。学者们认为人是存在于社会、世界中并与之交融

在一起的，因而人的思想与身体不应该被割裂看待。例如，法国知觉现象学家梅洛-庞蒂在《知觉现象学》中谈到，人通过身体意识到世界，每一种感觉都属于一个场，这个场既是一个现象场也是一个知觉场，是物体、身体与背景共同架构的。他率先提出了"具身的主体性"（embodied subjectivity）概念，认为人的主体性通过身体与世界的物理性互动而实现："身体是感受客观存在的中介物。躯体本身对生物而言，就是进入特定环境、参与特定活动的介质。"（梅洛-庞蒂等，2001）

心理学家进一步提出了具身认知（embodied cognition）的概念，又称涉身认知：人的认知和心智主要由身体动作和动作的形式决定，各种观念的形成，都会受到身体和感觉运动的塑造。身体的结构和形态、感觉、运动和神经系统都会影响人的认知加工过程。因而，具身认知理论强调这样一种内在的逻辑，人的认知来自运动中的身体体验，这一运动中的身体是内嵌于其生物、文化和社会情境中的。具身认知与传统认知相比，其新颖之处在于强调身体变化在认知过程中的不可忽视性（Freedberg et al.，2007）。

博物馆展览展示的多感官性、非正式性和空间性这三重特性，使博物馆传播与具身认知理论及其应用具有密切的内在联系（周婧景，2017）。具身的参观不是单通道感知的简单累加，而是一种总体的统觉体验，是不断流动的、逐渐涌现的。正如亚里士多德所说的，人不是依靠某一个单独的感官感知世界的，而是通过所有的感官综合起来感知世界的（Levent et al.，2014）。

在第三章博物馆的空间属性中谈到，参观博物馆本质上是通过交替性的行走、站立等动作在空间中建构立体的、有深度的空间形象体系。人体自身，基本感官系统和运动系统也是感知博物馆的中介物。著名的人文地理学学者段义孚也探讨过身体对空间的影响："人体本身就是一把尺子，可以作为空间感知的参考。"参观者进入博物馆，天然地就携带着"一把尺子"，也就是自己的身体。伴随着身体的运动，参观者从博物馆空间、展品和参观互动中得到了诸如"广阔""狭窄""壮丽""袖珍""宏大""备受冲击"等体验。参观者自己的躯体就是衡量展品的标尺。很显然，博物馆需要把视觉、嗅觉、听觉、运动知觉等身体感觉与认知充分地考虑进来。

其中，运动知觉与一种身心过程——模拟（simulation）有密切联系。模拟是具身认知发生的重要方式。与身体有关的模拟，就会想到动作和姿势的模拟。然而,模拟也指对他人情绪或心理状态的内部重现。而具身认知理论认为,身体变化与心理过程是密不可分的,通过身体动作的模拟,能够影响认知过程和心理体验。

有研究者发现,参观博物馆的过程中,参观者的运动系统会在欣赏展品的过程中被激活,导致出现具身的模仿。例如,欣赏者会不由自主地对所欣赏的雕刻、绘画艺术等产生模仿动作(Slonim,2012)。

认知神经科学的进展让研究者得以真实地观测到参观者大脑相应脑区的变化。有研究者用控制实验的方法,论证了参观博物馆可能引发的具身认知过程。研究者请两组被试分别观看实体雕塑和与雕塑大小一致的照片(雕塑描绘了人在运动中的场景)。脑成像的结果显示:观看雕塑实体的被试,运动脑区被激活了;而欣赏照片的被试,运动脑区没有激活反应。研究者推断,立体的、有深度的、富有动态感的实物能激活观看者的运动系统,引发观看者在认知中的模拟,因而出现了具身化的认知(Di Dio et al.,2007)。博物馆基于这个原理,开始采用多种多样的方式刺激参观者的模拟行为。

图4.1中的女士在克利夫兰艺术博物馆里,正通过显示屏与展品图像交互,左边是该博物馆馆藏展品的影像,参观者站在显示屏前时,屏幕会在左边随机播放有丰富表情的展品局部图像。参观者对着显示屏模仿图像中的表情,当表情与图像高度吻合时,会出现"通过(pass)"标识,接着播放下一张表情图片,供参观者模仿。研究者观察发现,参观者对这个模拟游戏表现出很大的兴趣,对夸张的表情模仿得不亦乐乎。根据具身认知理论,动作的模仿会调动相应的情绪反应,身心的卷入会深化认知过程。

在故宫博物院的《清明上河图3.0》高科技互动艺术展演中,也可以找到具身认知的运用。互动艺术展演的第三部分是4D球幕影院,重现《清明上河图》里描绘的汴河沿岸市井民生的热闹场面。最巧妙的设计是,展演将参观者的视角设计为北宋市民视角,参观者坐在球幕影院可活动的座椅上,仿佛穿越回北宋,正坐在汴河的一条即将出发的游船上。随着画卷展开,剧幕开启,游船徜徉河面,参观者所坐的椅子随之开始活动,顺着画卷中汴河的水波,时深时浅、时缓时急。座椅对船在水中荡漾的模拟,让人瞬间感受到游船的真切,思绪也被眼前的画卷带动,仿佛刹那间穿越到繁华的汴梁。笔者以参与式研究观察者的身份,体验到了模拟带给人的身临其境的真切感,以及与真切感相伴的丰富的认知和情感体验。

二、空间感知：多层次的空间交互

展览展陈是空间化的艺术。策展人在限定的空间篇幅中，按照一定的结构和叙事方式，向参观者传递信息。在第三章详细论述过空间属性的四个方面：是参观者在运动中建构的主观的、立体的空间形象体系；是与他人交互的、共在的空间；是（通常）城市中的一个组成部分，城市交往聚集发生的场所；同时，作为城市文明符号的组成部分，是人们感知和理解城市的一种方式。

具体到空间感知上的问题，可以将其细分为几个层次，探讨博物馆的四重空间属性。一是探讨参观者在博物馆里的微观空间感知，例如，某个展品置于某一个空间背景之下，带给参观者的某种特殊感官体验，一旦脱离了那个生境，特定的感知便不复存在。二是参观者对博物馆的整体氛围感知，与一个层次相比，感知的对象不是具体的某一件展品，而是作为整体的博物馆：作为整体的展品、其他参观者以及展馆的整体氛围和光影给人整体的感官和情绪体验。三是跳出场馆本身，对博物馆这一建筑符号本身的感知。四是由于数字技术和虚拟手段进步，空间感知又出现了一个值得探讨的新层次，在某种设备和技术的辅助之下产生的空间感知：如"虚拟地"踏进博物馆，以"遥在"的方式感知博物馆的空间，甚至获得现场参观都不能体验的"极限距离"和"深度感知"。接下来依次从这四个层次探讨。

第一，空间是三维向度的构建，对三维空间的感知早已编码至人体的基因当中，牵动着我们的感官体验和情绪波动，支配着最原始的情感。第三章谈到，参观过程本质上是在运动中建立起主观的、立体的、有深度的形象体系。其中"主观"这一特性无需赘述，立体和深度是实地参观特有的体验，虽然虚拟现实的技术使没能亲临现场的参观者以某种方式补偿了"立体感"和"深度感"的缺失，但只有体验过置身于博物馆内才能感受到的特有氛围和精神能量的人，才会理解"实在"和"遥在"在立体和深度感知体验上的区别。

深度知觉是人类进化出来的本能，发展心理学家经视崖实验发现，刚会爬的婴儿就能够判断出深度差别，视崖可能会唤起婴儿对深度的恐惧，深度感知与人的生存本能、恐惧有密切联系。

博物馆在设计空间时,也会利用对空间深浅的塑造、对建筑形状的拉伸和挤压,让观众产生情绪的变化。如在南京大屠杀遇难同胞纪念馆的入口处,采用了一个"悬挑 4 米的空框雨篷",这种设计改变了此处原有的空间格局,让参观者一踏入此处就产生一种非常压抑的感觉(杨扬,2007),这个雨篷作为纪念馆空间语言的一部分,构成了空间表达的前奏,也设定了参观者心理活动的基调。然而雨篷本身并没有特定含义,脱离了纪念馆设定的空间背景和特定的空间设计,便失去了某种深意。欧洲犹太人大屠杀纪念馆的水泥墩森林,被设计成只允许一人通行的小径,逼仄的空间阻碍了参观者与他人的交流,目之所及全是灰色、巨大的石墩,让人产生窒息和压抑的感受(黄晓晨,2014)。

第二,通过对空间的安排,让人们形成对博物馆的整体感知。博物馆由于其特有发展历程的缘故,在很长的历史时期里,是脱离社会公众和日常生活的。欧美博物馆在过去百年的时间里,做出了很多努力来改变博物馆与公众相隔离的现实。

例如卢浮宫曾将展馆的一面墙壁打通,旨在改变博物馆过于封闭的状况。原先全然封闭的设计使得博物馆即使在阳光明媚的正午也要完全依靠灯光照明,这样的环境也让博物馆彻底和现实生活隔绝开来。而将墙壁打通后,自然光照射进博物馆,这一设计让参观者可以从展馆内望向外面车水马龙、热闹非凡的现实生活,使得展馆内的"过去的生活"与展馆外的"当下的生活"贯通起来。

这一理念与巴西圣保罗艺术博物馆的设计师的想法不谋而合,设计师特意在博物馆中间设计了一个架空层,作为展馆区之外的开放空间,并将它命名为"固定的热带温室",邀请普通民众在这里聊天、看电影、欣赏流行乐队的演出,此举旨在把生活空间融入传统的展馆空间(罗力莹,2017)。

享誉全球的华人设计师,卢浮宫入口玻璃金字塔的设计师贝聿铭谈过光线对空间感知的体验,并提出"让光线来做设计"的观点(曾峥,2013)。他巧妙地利用自然光与空间的结合,让空间显得变化多端,自然光的使用让博物馆空间感知平添了生活美感。

第三,博物馆是更大范围的空间——城市的一部分,关于博物馆空间感知的探讨，不能局限于博物馆展馆之内，要结合城市的整体空间。就博物馆与城市空间的关系而言，毕尔巴鄂古根海姆博物馆提供了一个很好的视角：博物馆的建筑本身，就构成了一个鲜明、流动的城市符号，即使不考虑博物馆自身功能和馆藏，其本体就能在城市空间中搭建出一个大尺度的、具有文化代表性的意义能指。

当下，我国城市的高速化发展带来"千城一面"的现象，许多城市的文脉随着原本承载文化基因的建筑被拆毁而无处追寻，拔地而起的新建筑群在注重功能性的同时，越来越被要求"因地制宜"，保留和涵养当地的文化符号。博物馆作为"精神容器"、文明的物证库，在代表城市精神和气质、承载城市场所精神方面，无疑担当着重任。博物馆建筑本身作为城市空间浓墨重彩的一笔，在造型方面应该得到足够的考量。

第四，虚拟博物馆的出现，重新定义了博物馆的空间感知。空间感知从传统博物馆参观过程中以身体为中介转换为以屏幕为中介。一般意义上而言，不借助穿戴设备、只由屏幕为中介的感知，让渡了一部分深度知觉，对博物馆的空间感知被压缩在二维建构中，然而与屏幕的交互，又将带来新的空间体验。

在第三章中，我们以谷歌艺术与文化项目为例，论述了虚拟技术和数字博物馆的出现拓展了博物馆的传播空间，并探讨了虚拟的访问方式，使得参观者获得了前所未有的、近距离观察展品纹理和细节的能力。此外，在谷歌可穿戴设备的帮助下，参观者可以重新获得仿真的深度知觉。从这个意义上讲，访问数字和虚拟博物馆，同样可以得到立体的、有深度的形象体系。

三、场景化记忆：以"画面"形式保存的记忆

参观过博物馆的人们应该都有这样的经历，参观完博物馆之后，通常并不会清楚地记得当时看了哪些展品，对展品的名字、年代和标签说明更是印象模糊。但数月甚至数年之后，还会依稀记得当时参观的画面和大致感受，如果博物馆的陈列没发生很大变化，依旧可以按图索骥（这里的图，指的是记忆里对当时参观的印象）。这就是本小节所探讨的场景化记忆。

场景化记忆，实际上是基于"场景"和"记忆"的合成词，场景是记忆的限

定词。关于场景,在现有研究中有两个理论取向,此前在综述中已经探讨过,分别是作为"scene"的场景(特里等,2017)和作为"context"的场景(彭兰,2015)。具体而言,前者强调场景的空间范围,特别是有形、可识别的空间;后者在空间的基础上,融入了更多人的心理需求和行为特点。在博物馆的语境下探讨的场景,与这两种理论取向中所指的场景都有密切的关联。

事实上,心理学已经把我们所说的"场景化记忆"概念化了,即"情景记忆"。在前文对记忆概念的辨析中,也曾谈到过"情景记忆",它指的是人们亲身经历的、根据特定时空关系建构起来的记忆。这种记忆与关于概念、事实和知识的"语义记忆"相对,以不同的形式加工和存储在大脑中。

具体而言,语义记忆通常需要抽象化的推理和加工,并以文字等符号的形式保存在大脑中,而情景记忆则是大脑镜像化的处理,仿佛用大脑中内置的照相机,对空间场景及构造拍摄了照片,并以画面的形式保存在大脑中。与此相关的,两种记忆的提取方式也是不同的,语义记忆需要配合一定的意义线索,而情景记忆可能在某个刺激之下被激活,以闪回、放映的方式重现。

显然,参观博物馆会获得两种记忆,但就大多数参观者而言,情景记忆应该会占到较大的比重。毕竟对于大多数的展品,参观者无暇逐一细看,把与展品相关的史实、信息进行精细加工,并用心组织、记住。然而,没能进行组块化处理、有意识加工和存储的记忆会很快被遗忘。相反,情景记忆通常不需要通过积极的、有意识的加工,就能够保存下来。虽然能够保存下来的情景记忆是有限的,但却不像某个特定的信息(语义记忆)那样容易被遗忘。此外,从认知过程付出的努力来看,人们对于某个场景的记忆生成,通常是自动化的,可能是受到了特定时空线索的刺激,场景自然而然地变得很难忘,也可能由于个体自身的认知特点和特殊经历,对某个场景有着超乎寻常的敏感。

从博物馆天然的场景属性出发(既是 scene,又是 context),结合情景记忆的认知加工特征,博物馆应该尽可能地利用场景的方式呈现展品所承载的记忆。特别是针对那些具有"事件属性""过程属性""空间属性"的记忆文本,场景方式的呈现会显著地优于文本方式的呈现。此外,人们对于含有情绪情感的场景,容易留下深刻和持久的印象。因而,场景化的呈现中,可以尽可能地寻找情感线索,并在场景营造和重现中诉诸情感的表达。

例如,对于中国古代历史上丧葬和祭祀制度相关的史实的呈现,采用抽象的文字表达,诸如"殷商时期营建宗室神庙等构筑,需要进行极其血腥的仪式来避邪除妖、安居镇宅……这些仪式包含大规模的人祭和人殉"[①],纵使关于史实的表述十分精准,依然很难给参观者留下具象化的、深刻的印象。

河南安阳的殷墟博物馆采用了表述场景的方式,在户外打造了几十座殉葬坑,还原了各个殉葬坑中人祭、人殉以及牲畜殉葬的细节。殉葬坑用透明的玻璃罩盖着,参观者俯身便可以看到殉葬坑中三三两两的人殉俯卧或跪地的细节。受祭祀礼仪要求,地基中填埋狗,重要的建筑中需要填埋儿童,一切信息都被具体的场景呈现出来。

在参与式观察的调研过去近 7 个月之后,曾参观殷墟墓葬坑的研究对象表示,这样场景化的呈现给其留下了相当深刻的印象,以至于连续几天晚上都会做噩梦,重现墓葬坑的画面。

> 我应该再也不会去殷墟了。去年参观完那一大片殉葬坑之后,接下来的几天晚上都会做噩梦。殉葬坑里的成人尸骨还好,感觉没那么可怕,但小孩儿的尸骨实在是太残忍了,想想就浑身发毛。当时看的时候觉得挺可怕的,但也不是不敢看,没想到会连续几天都梦到,看来真是给我留下心理阴影了。(访谈对象:ZMJ,2018 年 4 月 30 日)

当然,场景的重现并非为了给参观者带来梦魇一般的记忆,而是将能够场景化的展品内涵,用恰当的方式呈现和表达出来,这始终是值得尝试的。

四、仪式与反思:氛围、秩序与沉思

博物馆传播场域的一大特征是传播过程的仪式化,并且会引发人的反思。这一观点受到传播仪式观的启发。传播的仪式观强调,从传播的起源来看,传播的最高境界,并非指智力信息的传递,而是为了建构一个有意义、有

---

① http://www.ayyx.com/News/Article/119。

秩序,并且可以支配及容纳人类行为的文化世界。因而传播不是指信息在空间中的扩散,而是在时间维度上对社会的维系,是以团体和共同体的身份把人们吸引到一起的神圣典礼。

例如,报纸作为一种文本,是对现实的一种呈现,为人们的生活提供形式、秩序和基调。詹姆斯·凯瑞不把读报纸的行为看作获取信息(虽然也会获得信息,但这不是主要方面),而是将它视为受众参与的弥撒仪式,在这一过程中受众并不会获取新的讯息,但某种特定的世界观会得到强化。

博物馆以富有秩序的方式,呈现人类的某个历史片段,在这个过程中,个人情感在群体中分享,是一种充满仪式感的活动。从仪式观理论的起源来看,最早的仪式活动是成员共同参与的。凯瑞把一个人的读报行为也看作仪式化的行为,诚然,这一转变与工业革命带来的社会结构和组织方式的变化有关,但博物馆参观显然更符合仪式活动最原初的特征:在特定空间中,社会成员集体参与。展馆限定的物理空间为仪式传播的发生提供了场所。

作为仪式发生的场所,博物馆具有某种特殊的氛围。博物馆的命名源自希腊神话中象征艺术、美和智慧的女神缪斯,亚历山大大帝把在征战中从各地掠夺来的宝物藏在缪斯神庙中,这就是博物馆的雏形。"缪斯""神庙"赋予了博物馆神秘感与神圣感,与戴扬等(2002)在仪式观的代表作《媒介事件》中谈到的萨满教仪式活动中的神秘和神圣是相通的。类似地,在仪式进行的过程中,个人情感在一定程度上让位于集体秩序。

博物馆是一个概念性空间,观众在这个空间内充分想象、判断和反思。这种体验是高度私人化的、主观的。博物馆能带给人持久的反思,特别是关于一些宏大问题的反思,如战争与和平、生与死、宗教与信仰。在台北的世界宗教博物馆里,设计有一个名为"洁净仪式"的环节,参观者会看到潺潺流水从巨大的玻璃表面顺流而下。与此同时,博物馆工作人员指导参观者把双手贴在玻璃表面,水流顺着指缝流过,参观者的心灵也被这个小小的仪式所净化(严建强,2016)。

身体世界(Body World)是一个展示经过解剖和塑化处理之后的人体、动物躯体的博物馆,目前在许多国家都进行过展览。该馆馆长甘瑟·冯·哈根斯(Gunther von Hagens)认为,通过解剖和塑化身体,参观者可以从一种新的维度来看死亡，让人们思考生命的脆弱性，反思在有限的生命当中，我们要如何生存。

尸体和死亡是在大多数文化当中都属于不易触碰的话题，博物馆将尸体描述为一种文化的发生。展品是如此的真实，几乎完全接近于刚刚死亡的肉体，但也正是这种逼真，让我们跟死亡形成了一种特别的和解。博物馆以一种前所未有的方式与死亡联系起来，提供了一个思考的空间，提醒我们去思考生命的有限性。实地调查研究的确支持了哈根斯的推断，关于参观者对此次展览的反应的研究表明，69%的参观者认为参观引发他们对身体脆弱性的反思；大约有 53%的人认为，他们更加关注他们的身体健康（Leiberich et al.，2006）。

位于阿姆斯特丹的安妮·弗兰克之家（Anne Frank House，简称安妮之家），见证了人类文明史上最黑暗的一段过往。安妮之家从保护、修缮、设展，努力地还原历史的每一个细节，将这些细节呈现给从世界各地来的参观者，最大的目的就是让人们铭记这段并不遥远的历史，反思种族迫害、大屠杀如何将人类带入深渊，希冀这样的悲剧再也不会重演。

"安妮之家"是专门用来纪念《安妮的日记》一书的作者安妮·弗兰克的博物馆。她在第二次世界大战期间，为了躲避纳粹的迫害，与家人以及其他四个人藏身在博物馆现今的所在地，位于市中心一条运河附近一栋隐秘的房屋里，最终安妮并没有在战争中幸存。1960 年"安妮之家"博物馆成立，该馆在居住的原址上完全保留了原本房间的结构，尽可能保留了安妮当时的生活状态。博物馆的参观路径经过科学的安排，以便参观者能先熟悉背景，再逐步从安妮和同居者生活的点滴，逐渐建构起当年安妮的生活全貌。

笔者在参与式观察中发现了博物馆为促进参观者的反思，专门设计了一个影像展厅，循环播放各种国际组织、教育工作者对安妮日记的反思：站在和平年代的今天，人们应该带着怎样的态度回望这段悲怆历史。每个参观者都会在参观行程之后，坐下来观看这段影片，展厅座位有限，参观者或找个角落站着，或席地而坐，几乎没有人在影片的中途离开，绝大多数人都会观看不止一遍。人们就静静地坐在这里，很少交谈。影片以访谈的形式组合而成，各位被访者语速很慢，缓缓地诉说着，安妮的故事如何让人们知晓战争大屠杀的残酷和痛苦，如何戕害人的身体和心灵；人们如何透过一个小女孩的眼光，了解到那段看似抽象的历史;让人们知道战争中的大家以怎样的方式抵抗和协作。参观安妮之家,是先走进历史,再走出历史的,是先学习后反思的认知过程。许多博物馆的传播过程都是这样带领参观者先重建历史,再反观历史。

第二节 博物馆传播的模式

一、解码与投射:人内传播

在博物馆传播的语境之下研究解码,最早出现在克内兹(Knez)和莱特(Wright)的研究当中:展品由原始媒介(实物)和二级媒介(标牌和照片等)两部分组成,媒介内容基本上是由博物馆相关工作人员决定的,参观者则需要通过对媒介内容解码,来理解展品内涵(陈晰,2005)。

这与霍尔所阐明的受众与意义的关系是一致的,即意义并不是传播者"传递"给受众的,而是受众自己"生产"出来的。布迪厄也从解码的角度分析了博物馆参观者对展品的理解。霍尔与布迪厄在分析解码时的视角是相似的,认为个体的社会经济阶层对解码有基础性的影响。但两者不同的是,霍尔认为不同社会阶层的人采用不同的策略进行解码,而布迪厄从根本上否定了处于(中)下阶层的人具有对(艺术)博物馆的解码能力。"一件艺术作品只对有文化感受性的人产生意义和兴趣,也就是说,这种人拥有用这种艺术作品编成的编码。一个参观者缺少特定的编码,就会陷入声音、节奏、色彩和线条的混乱之中而感到莫名其妙(布迪厄,2001)。"

如今博物馆研究者恐怕不能苟同布迪厄的观点,即布迪厄认为对艺术博物馆展品的解码只属于专业人士。具有代表性观点的《与艺术相伴》(*Living with Art*)中写道:"艺术作品不应该是少数人的特权,应该是全人类都能按照自己的喜好尽情享受的事物(盖特雷恩,2011)。"

然而,对于其他类型的博物馆——如历史博物馆和自然科技博物馆里的展品,绝大多数参观者可能都没有解码的能力。许多展品是历史进程中的遗产实物,通过视觉形象传递信息。例如一块残垣断壁含有特定的符号、记载了人类文明中一段特殊的轨迹。相比于文本，这些内容无疑是模糊的，有些由于历史悠久，形象有些难以辨认，很难读懂展品想要表达的内涵。因而有人不愿进入博物馆，人都有"认知闭合"的需求，所谓的认知闭合，就是想要搞清楚事实到底是什么的认知要求。当所涉猎的内容无法被理解和掌控的时候，参观者就会产生迷失和挫败感。丁宁（2005）恰如其分地描述过这种感觉："在理性上深知其不可超越的价值，但是在欣赏的过程中常常有一种疏离感和陌生感。"严建强（2016）认为，这些信息的编码形式的确并非人人都可以读懂的文字，或者说，没有经过训练的、缺乏专业知识的参观者是无法对展品的信息进行解码的。换言之，这些信息是隐性的，而不是显性的。因而，博物馆首先需要对展品进行解码，再将解码后的结论重新编码，生成参观者可以解码的语言。

　　"解码"的视角来自信息学，与社会学研究和文化研究相遇后，为研究者理解受众的意义生产提供了很好的视角。然而，解码却或多或少地忽视了对受众心理因素的解析。参观博物馆归根结底是一种高度自我的，集学习、审美等体验于一体的主观的内在过程。正如大英博物馆馆长所说的，是"借由展品反思历史或者去尝试去理解一个遥远的地方，是充满诗意的重构过程"（麦格雷戈，2014），从这个意义上讲，心理学中的"投射"概念，对参观者在博物馆中的心理活动有更为准确的描摹。

　　投射是精神分析学派的创始人弗洛伊德提出的概念，指的是个体把自己的想法、欲望和情感转移到他人身上的过程。很显然，投射的发生仰仗个体的记忆系统（刘岩等，2016）。随着概念逐渐发展，投射的对象（project onto/into）不再只局限于他人，还可能是物。经典的心理测验罗夏墨迹测验（rorschach inkblot method）（见图 4.2）就是利用这个投射的原理，用抽象的、原本毫无意义的墨迹图像，诱导被测试者把自己的情感、生活经验和内心的心理感受吐露出来。原本毫无意义的墨迹图在被测试者的表达当中被赋予意义，而这些意义就是投射的结果（郭庆科等，2003）。

　　博物馆中的展品，除了极具抽象性的艺术作品外，大多数展品不会像"墨迹"一样模糊。然而即便如此，参观者选择从哪个面向解读展品，选择捕捉哪方面的信息，最后生成怎样的意义，却像投射一样，是潜意识的活动，是参观者自己的信念和感受在展品上的折射。

　　这种体验是非常个性化的,是无法复制和比较的主观体验。在面临同一件展品时,产生的体验可能是大相径庭的。作品是一种"开放性"的生产。原本附着在展品上的每个符号,在特定的文明、特定的时间里都有神圣的对应,但在当下博物馆空间中,参观者通过投射产生新的联结。随着时间的流逝,展品从实质上看是同样的物件,但其价值和意义会随着时代的变迁而发生改变。人们的重新想象有时能超越制造者原本意图的含义。

　　真正的展品根本不是一件客观的物品,而是被创作的事物与阐释者之间的遭遇的一种投射,即一种"创造性的遭遇"(creative encounter)。不同的参观者在不同的情境之下,对同一件展品会幻化出成千上万种不同的理解。从博物馆的时间属性上来看,这种主观感受是"历史性"的,是"越轨的"。正如美学大师朱光潜(1979)所说:"美不存在于审美对象本身,而是观测者的心理器官或功能与对象之间的某种调和或联系。"

　　无论是"解码"还是"投射",都是个体内在的心理活动,属于人内传播(intrapersonal communication)的范畴,而人内传播是传播学领域中很重要却又被长期忽视的问题。陈力丹和陈俊妮(2010)在《论人内传播》一文中谈到,事实上,传播学中许多重要的理论,特别是关于认知和传播过程的理论,回答的其实就是人内传播的问题,而很少有人会从人内传播的角度审视这些理论。例如,费斯廷格(Festiger)的认知不协调理论(cognitive dissonance theory),海德(Heider)的平衡理论(balance theory)探讨的都是人内传播过程中个体的信念和态度同一性问题及其后果。

　　确切而言,人内传播是这样一种过程:头脑里已经积累的信息与当前正在接收的信息之间的交流,在这个过程中,个体需要持续调整自己的认知状态,保持内在的认知和谐。由于涉及对过去信息的回忆,所以个体需要不断地提取"记忆"。

　　人内传播在传播学领域内被系统性忽视的同时,博物馆传播的议题也很少从人内传播这一角度整合性地分析参观过程中参观者内部发生的信息碰撞、交融和内化过程。这一过程仰仗个体记忆的提取,需要博物馆展品以"可解码"的方式对展品预先进行编码,最后参观者在特定时空和心境之下,对展品发生解码和投射,生成新的语义记忆和情景记忆。

二、编码与共谋的意义生成：人际传播

在博物馆进入传播学学者视野之初，参观者被当作被动的传播受体，是博物馆策展人的传播对象和传播目标，身份是单一而被动的。在博物馆的空间之内，策展人是传播研究的"传播者"，展品也是"传播者"，参观者只能处在传播过程的下游，是"受传者"的身份。相关研究绘制的传播模式图中，参观者只能处在传播链条的末端和下游，是且只能被当作传播活动结果的"承受者"。

随着博物馆传播研究的发展，研究者开始采用系统的视野，用多维度的视角考察在博物馆传播过程中发生的各种传播形态和传播主体。博物馆不再仅仅是策展人通过展品与参观者进行单向的线性传播，博物馆空间中的人与人之间，特别是参观者对策展人的反馈、参观者与参观者之间发生的必然的或偶然性的交流，都成为博物馆研究和相关传播研究的议题。

他人作为博物馆空间场域中不可或缺的构成（耿凤英，2003），提示我们分析博物馆的传播过程不能忽视"他人在场"这一属性的影响。那么他人在场到底对参观者会造成什么影响呢？研究者在大量社会实验和调查的基础上发现，他人在场能够提升个体的驱动力（drive）（Tajfel，2010）。

"驱动力"与"唤起"（arousal）具有紧密的内在相似性。高唤起的状态会让人增加对自我的觉知，也会更容易发现自我与他人的不同。受众会受到他人行为的影响，例如观察到他人都对某个展品的积极关注，会意识到他人对展品的评价，他人参观节奏会带动自己参观的节奏。他人的社会在场既是一个物理现象又是一个心理现象，在博物馆这样的文化公共空间中，他人的在场会提示我们自我与他人的区别，会改变自我的节奏、路径和行为。

博物馆传播场域是多元主体参与的生态系统。在同一空间内的其他人的行为可能会影响人们如何定位自己，选择看什么，以及如何体验特定的展品和参观过程中的互动。这种参与的生态意味着一个展览不仅是由参观者的感知和认知所决定的，而且是通过社会互动来共同塑造的。参观者会对周围环境中其他人的行为不断做出反应。因此，参观展品的过程本质上是一种参与者共在的（co-existence）社会活动。参与者之间既是彼此可以利用

的资源,同时又是彼此的限制性因素,他们彼此共同建构意义(Christidou et al.,2016)。

　　参观者是文化符号和空间符号的解码者和建构者。参观者通过凝视、动作、手势等来构筑他们的共同体验,这种实时的社会互动常常是偶发的(见图 4.3)。参观者与其他处在同一空间之中的陌生人之间的互动通常是非语言的互动,非言语的身体信号传递的信息量很大,并且在时时刻刻地、潜移默化地发生着。

　　例如,图 4.4 中右下角的参观者在图画前蹲下,以获取一个独特的视角。与此同时,他与右侧的同伴交流在这个视角下获得的特殊景观,画面正前方手提纸袋的男性参观者原本并不认识右下角两位参观者,他从左侧走近展品时不由自主地受到两位参观者的吸引,后来开始聆听他们的讨论。笔者观察发现,在没有右下角两位参观者蹲下寻找特殊视角之前,其他参观者均从展品的正前方欣赏。因此,参观者欣赏的时候还构成他人的景观。

　　此外,国外关于博物馆的受众研究发现,"社交"成为人们参观博物馆的第二大动机。博物馆作为一个充满文化意义符号的开放性公共空间,成为满足人们多种社交需求的场所。以社交为主要动机的参观过程中,参观者之间的互动成为传播研究的核心。从这个意义上讲,策展人退居到次要的传播位置,其主要作用是给参观者的社交活动提供了一个宏观的背景,参观者之间的关系属性、互动方式成为主导参观过程的最重要的因素。

　　基于社交属性,参观者在互动过程中分化出了不同的角色,角色的不同会影响解码过程和意义生成。例如,在博物馆学谈到参观者的"促进者"角色,他们来到博物馆参观的动机和原因是外在的,为的是促进社交对象当时的参观之旅,如果没有这次服务的目的,促进者本身并不会走入博物馆(Falk,2009)。然而促进者的身份是主导性的,他们过往的参观经验、知识背景常常决定了参观路线。

　　据福尔克(Falk,2009)统计发现,25～44 岁的参观者常常会带着 4～12 岁的儿童来一起参观。这样的参观组合中,人们往往直观地认为,家长是促进者,会主导传播过程。而在大多数情况确实如此,家长扮演着诠释、解读和引导儿童理解展品的角色,是传播过程的促进者,也是当之无愧的传播者,家长的筛选和解说决定了儿童能够看到哪些展品,以及多大程度上理解展品,尤其是在历史、自然和科技博物馆中，理解展品需要相当的知识背景，家长作为把关人和诠释者，从根本上影响孩子的理解。

但是，在另一类博物馆中，情况可能会发生反转。有研究人员发现，在现代艺术、当代艺术博物馆中，儿童反而会对家长的理解产生巨大的作用。例如，毕加索中晚期的作品以抽象、超现实为主要特征，大多数参观者表示不知道如何欣赏，不能理解画家想要表达的内涵。成年人的思维通常会更加结构化，想象力也不如儿童，在这种情况下，儿童的视角和解读常常能给成年人一种耳目一新，甚至是恍然大悟的感觉。不光是对某些艺术风格迥异的画作而言，儿童对于任何抽象的、充满想象力的作品都可能独具慧眼。艺术博物馆的专家盖特雷恩（2011）曾经建议："如果你看不懂，不妨问问孩子。"

除了从人际的视角窥视参观者在传播中的主要作用，参观者通过社交网站、旅游推荐平台（如 trip advisor，中文译名：猫途鹰）传播自己的参观体验，也会在很大程度上影响他人的参观选择，这种影响早已超越了人际范畴，会影响大批陌生人，因而人际传播的影响会大大超出展馆的有限空间。

三、基本陈列：异时性大众传播

博物馆具备大众传播媒介的特征和功能，这一功能并非自博物馆的诞生就自动实现的，而是经历了漫长的历史过程。我们知道，收藏是博物馆之母，最早亚历山大大帝为保存征战中掠夺的奇珍异宝而修建了缪斯神庙，也就是博物馆的雏形，但彼时的博物馆归个人或贵族拥有。

直到1593年伦敦皇家军械所开始向外界开放，才使得完全属于私人收藏的"闭门"博物馆照进一道曙光。从此，博物馆开始了所谓的"公开化"的进程。随后，法国大革命爆发，卢浮宫从皇家财产变为大众财产，才开始有了"公共博物馆"的说法，由此，博物馆完成了"公共化"的转变。再到1851年，伦敦世界博览会邀请社会各个阶层前来，此举显然把举办和参观博览会当作整合社会的一种手段和方式。至此，博物馆逐步推进了"社会化"进程（严建强，2016）。

回溯博物馆的发展进程，是为了阐述博物馆是如何一步步走向大众，走向"大众传播"定义中的大规模的、匿名的、异质的大众。事实上,世界上大多数博物馆直到 20 世纪初才真正对社会各个阶层人士张开怀抱,参观博物馆成为寻常百姓的一项普遍权利。从这一时间开始,博物馆日渐发展成为现代意义上的博物馆,也开始具有大众传播媒介的特征和功能。西方博物馆学学者也开始在学术出版物中,谈及博物馆传播和大众媒介有相似特征,且遵循大众传播的一般规律(包东波,2012)。

广播、报纸、电视等大众媒介会经历在受众中逐渐普及的过程,这个过程中往往伴随着媒介使用成本逐渐降低,"大众"的规模也因此显著增大。媒介使用成本降低,既是技术发展的结果,也受到政策的驱动。在我国博物馆的"大众化"历程中,相关政策也起着推动作用。

2008 年,国家文物局联合多部委发布了《关于全国博物馆、纪念馆免费开放的通知》,开始分步骤将全国各级文化文物部门的博物馆向全国公众免费开放。2017 年是这一政策实施的第 10 个年头,全国免费开放的博物馆已达到 4246 座,免费率已经超过了 87%。① 此前谈到,从全国过去 10 年博物馆的参观人数来看,参观人数从 2007 年的 25625 万人次,增加到 2016 年的 85061 万人次,翻了三倍还多。这两组数据表明,在政策推动下,博物馆完成了从"公共化"到"社会化"再到"大众化"的转变之后,日益凸显"媒介化"的特征(严建强,2016),落实着"特殊的大众媒介"的使命。

在互联网及相关技术发展成熟之前,博物馆所能触及的"大众"有一个限制条件,即"大众在场"。也就是说,只有真正走入博物馆大门、身处博物馆物理空间内的人,才能算得上博物馆这一媒介的受众。博物馆学学者艾琳·格林希尔由此分析了博物馆与大众媒介的异同,虽然博物馆有一般大众媒介相似的特征,但博物馆是更幸运的,因为拥有与受众(参观者)面对面交流的机会,博物馆可以利用这个机会,采用多种布展策略,从而避免像一般大众媒介一样刻板(陈晰,2005)。

媒介技术变革改变了"必须在场"这一前提条件,博物馆无需受到物理空间和实际距离的限制,受众可以利用互联网随时随地参观博物馆,因而博物馆的受众范围拓展到任何可以使用接入互联网的群体,这样一来,博物馆越

① http://www.chinanews.com.cn/cul/2017/05-18/8227725.shtml。

发地凸显了其大众传播媒介的特征与功能。

异时性是相较于报纸、广播、电视的"共时性"而言的。例如历史上电视直播人类登月和皇室大婚一时间引发万人空巷,都是大众媒介"共时性"的体现。相应地,博物馆的异时性体现在:"大规模"的受众是随时间逐渐累加起来的,一定时间之内的受众是有限的。在博物馆所有的布展模式中,基本陈列是最稳定的、最成体系的陈列模式,从长期来看,拥有最广泛的受众。因此,从微观上来看,参观者在不同的时间前来,在特定的历史时空与静止的展品相遇;从宏观上来看,参观者无论在什么时候前来,看到的都是同样的展品,将过去历史时空叠加起来,构成了异时性的、大众的媒介消费景观。

四、临时展(专题展与特展):分众传播

"分众"的概念最早是美国的未来学家托夫勒提出的,后来逐渐被传播学学者广为接受(陈薇,2007)。熊澄宇(2004)对分众传播做了定义:"分众传播是指不同传播主体,对不同的对象,采用不同的方法,传递不同的信息。"这个定义的核心观点是:分众传播,归根结底是让信息的接受者从自己的角度出发,各取所需。这要求传播者能够准确地定位目标受众,知晓他们的需求和习惯。

专题性和临时性展览体现了分众传播的特点。与基本陈列相比,临时展览通常是小型多样的,可以按照特定的目的相对自由地选择展品,在内容和形式上也相对比较灵活,这些特征使得专题性的临时展和特展更容易从不同参观者的角度出发,满足他们的特定需求。

此外,基本陈列通常被称为博物馆的灵魂,因而具有结构严密、布局科学等特征,在固有的主题框架之下,并非每一件展品都适宜纳入基本陈列中。而临时展览却可以不受某一个固有主题的限制,广泛地涉猎自然科学、人文历史、社会生活等方方面面,雅俗共赏,常展常新(顾季青,2014)。

专题展和特展是在某个特定时间内举办的,与基本陈列在内容上呈现出互补的关系,让基本陈列未能容纳的展品以专题展和特展的形式有机会与大众见面。同时,在特定时间点展出,使得博物馆作为媒介具有时效性的特征,而时效性体现的是博物馆与时代、与社会之间的互动。故宫博物院原院长单

霁翔谈到博物馆要具有时效性,要反映时代的脉搏,这是考察博物馆是否有活力的标志(单霁翔,2013)。

博物馆不是封闭的系统,是社会文化系统的一部分,是社会和文化交流的场所。展品的流动和演变,知识是如何从这些展品中被创造出来的,深受社会的观察和理解。博物馆的专题展和临时展,一定程度上是对社会进程做出的反应,即通过策展从沉睡的集体记忆中提取出的意识层面是对社会问题的一种回应。

德国的博物馆用创新性的实践,很好地示范了博物馆如何对社会问题做出回应、如何以"分众传播"的思路解决特定受众的需求。近年来,难民问题持续困扰欧洲,其中德国收容的难民最多,政府和社会各界都在思考如何更好地让难民融入德国社会。由于历史文化的差异,来自(主要)阿拉伯地区的难民与德国民众之间横亘着文化鸿沟:对难民而言,他们对德国这个新家园知之甚少,难以融入,与此同时又思乡心切,迫切地需要来自家乡文化的慰藉;而对于德国民众来说,他们即使想对难民施以援手,也可能会由于不够了解对方而顾虑重重。

2016 年,柏林伊斯兰艺术博物馆馆长斯蒂芬·韦伯(Stefen Weber)发起一项名为"博物馆之旅"的活动,这项活动定期邀请难民免费参观德国的博物馆,目的就是让他们增加对德国的了解,恢复重建家园的信心。例如,在德国历史博物馆里,难民可以看到德国如何从二战的废墟中重新站起来,重新修建城市和生活。

相应地,博物馆展出的中东文化是德国民众了解难民所属文化的一扇窗口。有博物馆专门设立了题为"探访难民生活"的专题展,还原难民背井离乡之后生活中的种种细节。[1] 瑞士国家博物馆也举办了难民的生活展和经历展,当地民众从令人触目惊心的展品中了解到这些流离失所的人经历了怎样不堪回首的逃亡经历。[2] 通过这样的临时展,当地人和难民形成了一种中介化(mediated)的沟通,对彼此的疏离和误解在持续的"凝视"中得以化解和消融。

---

[1]　http://www.chinanews.com.cn/tp/hd2011/2016/07-22/659133.shtml。
[2]　http://www.sohu.com/a/117884929_293771。

有学者认为，在博物馆传播语境下的"分众"也体现在不同参观者对同一个展览不同的参与度上。例如范·迪克（Van Dijck，2009）认为，"参与"并不是将被动接受者与积极参与者区分开来的二元概念，而是体现为"创造者""旁观者""无活动"等不同程度的参与。任何形式的展览，无论是基本陈列，还是专题展等临时展览，都要对展览做细致的划分，考虑到不同展品对不同的参观者而言有不同层次的互动与效果。

五、空间与虚拟现实：沉浸传播

沉浸传播是以人为中心的，无时不在、无处不在的传播，它能使人完全专注，体验到超越时空的泛在体验（李沁，2013）。

李沁（2013）总结了沉浸传播的形态特征。首先在空间方面，沉浸重构了空间，把物质空间和精神空间、心理空间和情感空间、真实空间和虚拟空间、真实空间与想象空间之间的界限打通，使这些空间融为一体，因而沉浸传播就兼具了这些空间的特质。

其次，虚拟与现实构建的一体化大环境也是沉浸传播的一大特征。虚拟现实是信息技术与计算机技术相融合的产物，通过沉浸式的技术，如 VR（virtual reality）、AR（augmented reality）和 MR（miture reality）来实现（李沁，2017）。虚拟世界相较于现实世界而言，有两大独特的优势，使得虚拟世界具有巨大的吸引力：第一，虚拟世界突破了真实世界的物理限制，在空间上是无限的；第二，虚拟世界可以永远在线，突破了真实世界中人的各种生物时间节律和社会时间节律。

此外，沉浸传播技术延伸了人的视觉、听觉、触觉和嗅觉（李沁，2013），与具身认知理论在主要观点上不谋而合，都强调以人为中心的、完全专注的传播体验，以及多种感官的共同作用。

一般来讲，虚拟现实技术是博物馆策展的辅助手段，而克雷默博物馆（Kremer Collection）是全世界第一家完全依靠 VR（虚拟现实）技术呈现展品的博物馆。这家博物馆于 2017 年 10 月 26 日宣布成立。虽然世界上很多博物馆都开始借用 VR 技术提升参观者的体验，但完全依靠 VR 技术，克雷默博物馆还是将创新推向了新的高度。

展馆中的首批展品是荷兰现实主义绘画大师作品的 3D 复制品,为了呈现出最好的效果,每件复制品都需要用 2500～3500 张超高分辨率的照片,采用摄影测量技术为每一幅画建立视觉模型,结合 VR 技术,参观者可以近距离欣赏作品的每一个细微的角落。照明技术也进行了相应的优化,以最大限度呈现每一幅作品的细节,所有照明设置都可以根据每一位参观者的身高进行调整,从而实现完全消除眩光的效果。只要佩戴了合适的 VR 设备,参观者就能获得几乎完全真实的 3D 体验,甚至能感觉头部触碰了画框,数千张照片还原了每一幅作品中的山川。VR 使得参观者可以摆脱肉眼的局限,获得一种沉浸式的体验。正如尼葛洛庞帝(1997)在《数字化生存》所预言的那样:"虚拟现实使人造事物像真实事物一样逼真,甚至比真实事物还要逼真。"

此外,克雷默博物馆结合新的手段使博物馆突破时空限制,实现"永不下线"。从 2018 年开始,博物馆在谷歌娱乐商店(Google Play Store)上发布移动应用程序,结合"白日梦"(Day Dream)平台,参观者可以用任何能使用白日梦平台的手机和 VR 设备来参观博物馆,从而摆脱了时间和地域限制,参观者能与世界各地的朋友同时参观展品,不同国籍不同时区的参观者在虚拟的艺术世界里相遇。真正的展品,从物理意义上讲已经消失了,参观者的血肉之躯同样无需在场,也是"无形无象"的。由于展品和参观者都是"无形无象"的,二者可能的传播关系便成为动态变化的,有无限种组合,实现彻底的时空交融。

故宫博物院的《清明上河图 3.0》高科技互动艺术展演中的第二篇章孙羊店,运用 AR 三维全息图像的技术,构造了边界消失、时空交融、表演者与参观者共在的沉浸式传播体验,具体内容在本章最后一个案例中做了详细解析。

硅谷精神的布道师皮埃罗·斯加鲁菲(Piero Scaruffi)在 2016 年"沉浸时代"(the age of immersion)主题峰会上提出:未来的新闻不再是用来读的,而是用来体验的(李沁,2017)。沉浸传播可能是一切媒介发展的未来,也将是破解博物馆策展等传播问题的思路和手段:让有限的展馆空间变得无限,让不便于策展的藏品被看到,让平面展示变得立体,让抽象的内容变得可观可感,让不可移动的藏品走遍世界各地,让全世界参观者可以随时随地欣赏展品。

第三节 "记忆＋创造力"：激发场域动能

一、创意刺激感官，强化记忆感知

本章开端谈到博物馆传播过程特性之一是具身化的认知，要让博物馆所承载的记忆实现最佳的传播效果。路径之一是用创意刺激感官，从诉诸单一视觉感官到诉诸多重感官。

视觉是人体感官中最复杂和灵敏的。在大脑中，对应的视觉皮层占到大脑皮层约 30％ 的份额，相比而言，触觉占 8％，听觉只占 2％～3％。每一秒钟，人的双眼能够向视觉皮层传递多达 20 亿个信息片段。视觉占据了全脑容量将近三分之一的容量①，因而是人类最主要和最直接的获取信息的渠道。视觉让人感知造型、光影、空间。结合博物馆的空间属性，视觉通道的激活仍然是具身化传播中最重要的努力方向。

听觉在人类的感知系统中，与情感的感知关系最为密切，可以说是人体中最细腻的情感通道（余永永，2017）。在人的特定发展阶段，听觉是感受情绪的首位感官通道。研究发现，相比视觉，听觉在发展早期的情绪感知过程中发挥着更为重要的作用。例如，对婴儿而言，声音中包含的能量比表情中包含的能量更大（周玉等，2017）。中国航海博物馆学者以荷兰鹿特丹海事博物馆和历史博物馆为例，分析了声音在展示中的运用，让历史"变活""变立体"。例如，在讲述鹿特丹在二战中被摧毁的历史时，采用市民绝望的哭喊声、孩子稚嫩的尖叫声来表达，实现了穿透人心的传播效果（赵莉等，2012）。

笔者曾造访过位于比利时的滑铁卢博物馆。声音也是该博物馆用来重现战事的重要手段，展馆的一块区域设计了"微缩战场"，逼真地还原了战争的场景，橙蓝（对战双方衣着颜色）两军各踞战场两边，各处散落着被炸伤、刺伤的战马和战士，呻吟和哀嚎此起彼伏。与此同时，双方进军的呐喊声与炮

---

① https://www.ted.com/talks/isaac_lidsky_what_reality_are_you_creating_for_yourself。

火声交织在一起。在展示这段历史时,文本、图像等都是力不从心的,声音成为不可或缺的线索,使用声音的创意让博物馆对历史的表达更进一步。

嗅觉与空间的关系比较密切。"酒香不怕巷子深"描述了嗅觉与空间距离密切相关。嗅觉作为生物进化史上最古老的感官功能,带有丰富的情绪色彩。基于嗅觉相关的生理心理学研究,研究者发现:在人类各个感官通道中,嗅觉与情绪有着千丝万缕的联系,嗅觉能激发不同的情绪状态,相反,情绪也能影响嗅觉感知。嗅觉与人类的厌恶、喜爱、亲密等情感关系尤为紧密(周雯等,2012)。王思怡(2016b)在《博物馆作为感官场域——从多感官博物馆中的嗅觉说起》一文中回顾了历史上博物馆引入嗅觉传播方面的种种实践,强调气味在营造回忆、渲染情绪时的特有能量。

触觉,是人对于样式、形态和质感的感知。笔者造访过英国苏格兰地区的爱丁堡动物博物馆,在该馆"触摸展区"的亲身体验让笔者深刻地感受了一次"触觉"对于展品感知的独特传播效果。展品是动物皮,但这些皮藏在封闭的展柜中,参观者无法看出展柜中摆设的展品是什么,展柜上有一扇半掩的窗口,参观者唯一的感知方式,是把手伸入窗口中,通过触摸动物的皮(仿制品),来判断展品是什么动物。展柜上有信息提示动物的门类,例如"爬行动物区"提示参观者可能会触摸到冰凉的蛇皮和粗糙的鳄鱼皮等,在其他区会摸到毛茸茸的熊皮等。经观察发现,参观者通常对触摸熊皮容易接受,而对触摸诸如蛇皮等爬行动物的皮普遍比较排斥。就笔者自己而言,针对特定的展品,当视觉通道被阻碍,无法看到展柜内的动物皮时,想象力便会十分活跃,例如脑海中会不断闪现蛇的形象,想象蛇皮冰冷、光滑的质感,触摸时产生的触觉体验会被放大。

回到本书"记忆+创造力"的视角,"创造力"对"记忆"有能动的反作用。在了解各感官作用的基础上,创造性地运用各种手段,激活参观者的感官体验,诉诸多种感官,整合多个感官通道。由此,把展品中保存的记忆元素充分挖掘并呈现出来,立体地、生动地转化为参观者的记忆。

二、创意构筑场景,重现记忆情景

关于场景两个理论取向的论述中,都涉及了对空间元素的探讨以及对心理和行为模式的探讨。从场景的属性来看,前者涉及物理范畴,后者属于心理范畴。此外,结合"情景记忆"的内涵:个人亲身经历的,基于特定时间和空间形成的生活事件(或场景)的记忆,同样涉及了物理范畴和心理范畴,通常能够持久保持下来的情景记忆与人的需求、情绪等有密切的关系。因而,运用创意构筑场景,需要从三方面入手,分别是物理场景、心理场景以及物理场景与心理场景的关系。

就物理场景而言,还原场景首先要尽可能真实。场景的打造要接近展品相关的原始自然场景和社会文化场景,尽量不要脱离展品本身的生境。营造"真实"物理场景,可以选择因地制宜的方式,借助现有的地理文化基础,还原原汁原味的场景空间。对于难以重现的物理场景,可以借助"四维空间",运用虚拟现实或增强现实的手段来营造。

博物馆里的恐龙遗址,通常是采用化石和仿真雕塑构成的。这种策展和陈列方式是无法让参观者感受到恐龙的生存状态和生命力的,参观者只能感受到恐龙逝去的"结果",而且这个结果由于距今时间太长而变得无从追溯,参观者只能采用一种凝视的目光、遥望的姿态,审视这段"遥不可及"的历史,因而并不能与恐龙及其生命故事发生内在、深切的联系。

云南楚雄市有一座恐龙遗址博物馆,该博物馆通过重建"消失的场景"的方式,把"基地""事件""记忆"串联起来,凝固下了亿万年前恐龙挣扎和死亡时悲壮而惨烈的瞬间(李宁等,2007)。而这座致力于"场景重现"的博物馆的所在地区属于云南禄丰,是中国恐龙化石最著名的发现地。展馆设计时便因地制宜,在原来地质地貌的基础上,重现了"山谷""丘陵""缓坡""洞穴"等物理情境,由于天然地理因素的基础,到此地参观的场景感受与在博物馆中"无中生有"的场景感受显然是不同的。这座博物馆建立时,虚拟现实的技术还处在酝酿阶段,想要营造出"恐龙复活"的场景还只能停留在想象的层面。当前,谷歌与伦敦自然历史博物馆联手,借助谷歌的头戴设备(Google Cardboard),在虚拟重现的场景中,再现恐龙的雄姿。

就心理场景而言,博物馆需要运用多元手段调动甚至是"创造"出人的心理需求,让参观者在场景中找到自己的角色,并产生参与的冲动,从而感受到自己被场景充分"代入"的体验。

例如清华大学艺术博物馆一个名为"心理咨询师和他的房间"展厅中,还原了世界著名精神分析师弗洛伊德在维也纳的工作室。弗洛伊德的工作室与参观者进入的空间用一面透明的玻璃相隔,参观者需要脱鞋才能进入,空荡荡的房间里只有两件物品:一张座椅和一个可以躺卧的沙发。玻璃另一侧咨询师的房间中,设有咨询师的桌椅,上面有打开的笔记本和掀开盖子的怀表,房间一侧立着挂有外套的衣架,似乎咨询师刚刚还在房间中。

房间最特别的设计在于,工作室这一侧有两张与参观者那一侧一模一样的沙发和座椅,摆放的位置也是毫厘不差。参观者进入空间,在座椅或沙发上坐下来,透过玻璃就可以看到自己仿佛进入弗洛伊德的房间,下一秒就会接受咨询或被催眠。在意识到玻璃两侧巧妙的、呼应式的陈列之后,参观者们也立刻明白了,在进入空间之前的脱鞋环节,这些都在帮助参观者们迅速进入自己的角色,参与到策展者想要营造的场景中:每一位进入空间的参观者,通过"镜像化"的方式,走进了弗洛伊德的诊疗空间。

就场景的营造而言,构造时间线索,能使得场景中的"虚拟时间"和参观者的"主观时间"相遇并产生交互。此外,得以保存下来的情境记忆通常是那些给个体留下深刻印象的亲身经历,深刻印象的产生往往伴随着自我情感的深度卷入。因而场景的还原和营造要尽可能诉诸情感,牵动参观者的情绪和情感,使博物馆构建出来的场景生成参观者的情境记忆。

三、创新融合模式,丰富记忆光谱

在本章的第二节,我们谈到了博物馆传播的几种模式。不同模式对应着不同的传播形态、受众和传播方式,适用于不同的情境。本小节中,我们先来探讨不同的模式,在"传播记忆"的功能中所处的位置,进而分析"创意"在融合模式的过程中发挥怎样的作用,以及预期可能实现的效果。

基本陈列,在较长一段时间里对来自世界各地不同的公众,类似异时的大众传播,虽然参观者在不同的时间点进入博物馆,但参观到的展品大体上是相同的。常设的展品构成记忆光谱中的"主旋律"。

此前我们提到,由于藏品十分丰富,但展馆空间有限,或者说由于展品本身状态的特殊性不适宜在展馆中展示等诸多原因,许多著名的大型博物馆实际展出的展品数量较之藏品总数只是冰山一角。而根据故宫博物院原院长单霁翔的说法，每年展出的展品不足藏品的百分之一，确切来说，只有 0.5％。① 因而，单霁翔院长将在任期间的工作目标定为让更多馆藏能被公众看到。

由此可见，除了基础陈列展示出的记忆"主旋律"，"养在深闺人未识"的藏品承载着宝贵的历史文化记忆，有待进一步深度挖掘。其他模式下的博物馆传播可构成主旋律的补充。最主要的方式是专题展和特展。

专题展和特展历来是博物馆策展工作中的重要部分，本书对这一部分的探讨，并非泛泛地讨论博物馆要多举办特展，而是聚焦在特展和专题展的设计和策展中发挥的作用：如何与其他的模式产生有机互动，从而像"伴奏"一样，配合"主旋律"，实现模式共振，在特定的时空中产生最广泛的影响。

作为"伴奏"的特展，应当注意与"主旋律"的基础陈列在时间上产生某种对应关系。例如，我们在第三章谈到的，狗年伊始，各大博物馆举办的狗专题展览，利用萌犬在日常生活中的独特地位，并准确地把握了目标受众——少年儿童会成为主要的参观主体，恰逢寒假，各大博物馆推出的亲子游，成功地吸引了大批少年儿童前来参观。

此前，历朝历代与狗相关的藏品被零散地陈列在按年代划分的展柜中，甚至有些并没能与公众相见。经过创意组合之后，狗主题的藏品独树一帜、自成一体，有机会被最喜爱他们的少年儿童所赏识。狗年、萌犬、寒假与儿童，构成了一个自洽的闭环，使原本埋没在浩如烟海的藏品中的狗元素藏品得以凸显并精准传播，很好地体现了前述观点，富有创意的专题展在特定时空条件下，能与基础陈列发生互动、实现共振，加之对受众的准确把握，达到广泛的传播。

除了基础陈列和特展构成的"主旋律"和"伴奏"，博物馆要注重挖掘参观者自身对展品的见解，不同参观者对展品的解读融汇在一起，丰富记忆内涵，记录记忆在当今时代的新解读。能否激发参观者表达自己的观点，并为表达提供便利的平台和渠道，成为考量当今博物馆工作的一个重要方面。

谷歌文化与艺术项目的手机 App、荷兰国立博物馆联合阿姆斯特丹大学开发的"增强杰作（Augmenting Masterpieces）"系列 App 等都是激发参观者自我表达的工具。以后者为例，其中的一款 App 并不主动引导参观者按照某种既定的路线参观，而是由参观者自由选取地点，App 通过定位功能提示周

---

① http://collection.sina.com.cn/cjrw/2016-10-24/doc-ifxwztru7013014.shtml。

围展品,参观者从中选取自己喜欢的展品,并将自己的解读录音上传。另有App 主打其他功能,如参观者看到某件展品的同时,会看到与展品有关的问题及解答,参观者可以给出自己的解答、阅读其他参观者的解答。通过这种方式,参观者个人的"解码"和"投射"得以保存下来,作为区别于博物馆官方的解读,与其他参观者交流共享。

借由 App 这种创新的传播工具,前述传播模式中的"解码与投射的人内传播"以及"编码与共谋的人际传播"被记录、保存、整合,与其他传播模式融合在一起。此外,博物馆越来越注重打造休闲空间,供参观者进行面对面的交流。为了吸引参观者停留、对话,这些空间也是充满创意、独具匠心。

在数字、VR、AR 等技术的辅助之下,沉浸传播模式已充分与其他的传播模式交融:既有参观者从个人感官层面获得更丰富的体验,从而更容易使自我代入场景,将当下心境投射到参观过程;也有从人际交往的层面,参观者互动性增强,产生实时的、延时的对话交往;更不用说各种创新性技术在基础陈列和专题展中的广泛使用,早已重塑了博物馆的日常策展工作。例如,全息技术能让展品立体化、活起来,与展品发生交互,能有效解决特殊藏品不便于展示或运输的问题,由静态变交互,由单一变立体。

在案例分析部分,我们以故宫博物院为例,论述创新如何将五大传播模式融合起来,以基础陈列为主旋律、专题展为伴奏,参观者个体构建为活跃的音符,虚拟技术等担当高品质的设备,共同演绎内容丰富、层次分明、历史与现实交相辉映的奏鸣曲,从而把博物馆丰富的藏品背后的记忆充分发掘出来,尽可能呈现出完整的记忆光谱,使博物馆的传播在时间维度和空间维度上都得到拓展。

第四节　案例分析

一、具身认知:凡·高博物馆的模拟、触摸与聆听

具身认知强调认知过程离不开身体参与,这种参与应该是多重感官的。

传统博物馆展览主要仰仗视觉，具身认知理论和实践的发展提示我们，对听觉、嗅觉、触觉，甚至是味觉的充分调动，能极大地强化参观者的认知效果。霍维斯倡导"感官博物馆学"（sensory museology），强调感官系统在博物馆参观和体验中的作用。听觉能够延续人的视觉感官，还能提供亲密性（李冰等，2015）。

本小节以荷兰阿姆斯特丹凡·高博物馆为例，论述实践中与具身认知相关的实践及其原理。共包含三个方面的分析：第一，调色盘带动参观者模拟凡·高绘画时的调色过程，导引参观者进入凡·高的情绪和心理世界，这个例子是具身认知在情绪唤起方面的例证。第二，分析凡·高名画《向日葵》特殊的展览展示方式：论述触觉和味觉给参观者带来的独特体验，以此论证具身认知理论强调多感官的参与，"联觉"和"通感"的产生能够强化展品的展示效果。第三，探讨利用听筒聆听凡·高与弟弟的书信，如何最佳地传递情绪和情感，唤起亲密感，这个例子综合了具身认知理论中对情绪的模拟过程，以及感官博物馆学中对听觉通道特殊性的强调。

第一，具身认知的发生方式之一是：通过模拟，重现他人的情绪和心理世界，从而对展品（作品）表达的内容、意境和情感有"感同身受"的深切理解。凡·高博物馆设有导览服务，参观者可以在信息台租用一台导览器，这不是一般意义上功能单一的导览器，其内置了许多功能可以让参与者充分地感受凡·高的艺术作品。其中有一个功能是调色盘，参观者在导览器上可以比照凡·高的画作调色，能激活参观者在艺术创作相关方面的运动神经。这一过程发生于参观者自我观察和想象的过程中。参观者拿起虚拟画笔，对比凡·高的画作，一点一点地调试出与画作接近甚至是一样的颜色，仿佛"凡·高附体"，成为绘制下一幅惊世之作的绘画天才。正如梅洛·庞蒂所描述的那样，参观不再是一种"置身事外"的体验，而是内在地与他人建立联系，而不是站在他人旁边。

第二，向日葵是凡·高最喜欢描绘的景物之一。作为高度代表凡·高风格的"明星展品"，凡·高馆有不止一处的向日葵作品。第一处设立在展馆入口。与大多数展品不同，这幅《向日葵》非但没有禁止拍照、禁止接近，反而邀请人们触摸感知，并且邀请参观者们来品一品向日葵的香气。需要强调的是，这个任人触摸的展品并非凡·高的原作，而是一幅仿制品。

凡·高的画作，向来以明媚的色彩、厚重的油彩著称，他作画的时候，常常用一层油彩盖过一层油彩，作品表面看起来凹凸不平，画作特有的肌理和质感便跃然纸上。由此，向日葵不是投射在画纸上的平面影像，而是呼之欲出的实物。离开对画作质感和肌理的感知，就不能充分地欣赏到凡·高的独具匠心，离开对画作粗糙和凹凸不平的表面的抚摸，就不能体会到凡·高在绘画时满腔的热情与对生命的狂热。笔者在《向日葵》的触摸展柜旁，采访了一位参观者。

> 油彩摸上去很厚，也很粗糙。我猜想凡·高在作画的时候，情绪应该是非常饱满的，应该是处在一个高度亢奋的状态，有点挥墨如雨的那种味道，特别激昂的感觉。听到语音导览里说，凡·高作画的油彩其实是很贵的，他用得又很凶，所以经常给弟弟提奥写信让他寄钱来买油彩。我触摸的时候，能很直接地体会到，他画画的时候应该是完全没有考虑油彩很贵这回事，完全就是情绪到哪儿，画笔就到哪儿。（访谈对象，CS，2017 年 10 月 27 日）

此外，凡·高描绘的对象是向日葵，博物馆特意设置了一个小匣子，参观者打开小匣子，便可以闻到模拟出的香气。诚然，这份香气是策展人的匠心设计，与凡·高当年的画作并没有什么必然的关联，但参观者低头深嗅这一芬芳时，的确能将人从博物馆的展馆空间带到秋日一望无际的向日葵田。

凡·高博物馆无疑是深谙具身认知的，其展览展陈的方式，可谓是"增强现实"：将原本展品可能带给人的感官体验，借由巧妙的设计，带到了一个全新的境界。这些独具匠心的设计，在凡·高博物馆里随处可见：利用放大镜，把凡·高画作的局部放大，从而在显微镜下读懂凡·高表达感情的笔触和光影；有画室和专业的辅导者，让参观者在欣赏之余，拾起画笔，模拟凡·高对日常生活的表达。具身认知，是充分利用身体感官来强化认知。在凡·高博物馆中，参观者调动的不仅是视觉，感知明黄色的卧室，还能调动触觉，用指尖感知到凡·高用厚重的油彩留下的狂热情绪。

第三，博物馆如何用"听筒"打开参观者的听觉通道，让原本诉诸视觉的书信，得以用诉诸听觉的录音传递。凡·高博物馆除了陈列了凡·高的主要作品外，也用了相当大的空间讲述凡·高的家庭和日常生活。其中，凡·高的弟弟提奥，作为凡·高生命中最重要的情感支持，在凡·高短暂的一生中与他往来了上千封书信，其中有800多封保存在博物馆的三层。

与其他博物馆书写陈列的方式相同，凡·高博物馆也用透明的玻璃柜陈列出兄弟二人书信的原件，从破旧泛黄的信笺和凡·高涂涂改改的笔触上，参观者似乎能感受到画家的困顿与焦灼。研究人员发现，几乎所有经过的参观者都会认真端详一下凡·高的笔触，每个人大约逗留15秒，因此并不会从头至尾将某封信看完。

然而，稍微转个弯，在相邻的另一堵墙上，参观者会对这些书信形成全然不同的感官体验。这面墙上挂着四个电话听筒，这些听筒的形状像极了贝尔发明的初代电话听筒，只强调传达讲话者的声音。听筒悬挂处标识着几种语言选项，包括英语和荷兰语，参观者选择语言模式之后，就会听到一个男生开始朗读书信的内容。在博物馆的讲解器或导览器中，司空见惯的是标准的普通话，是专业化、程式化的讲解，而这个男声是全然不同的。他以凡·高的口吻朗读写给弟弟提奥的书信，声音仿佛从很遥远的地方传来，却又近在耳畔。他深沉悲伤的声音，会让人相信这就是凡·高，他正在给弟弟娓娓讲述四季的变化和创作的挣扎。

四个电话听筒，每个听筒是一封不同的信，篇幅适中，每篇大概需要两分多钟的时间听完，这比一目十行扫一遍信来得慢多了。但笔者发现，几乎每个拿起听筒的人都会至少听完一封信，四个听筒前常常是井然有序、等待的人。笔者访谈了一位刚刚听完一段书信朗读的参观者，请她谈谈从展柜里"读信"和用听筒"听信"的区别。

> 我其实没怎么注意展柜里的信，反正荷兰语也看不懂。听信这个创意挺好的，我之前是没见到过。倒是让我想起了《见字如面》那个节目，请人来读信，感觉立马就不一样了。我刚听的那一段是弟弟提奥写给哥哥凡·高的，第一句"Dear Vincent"一下就让我的心像化了一样。其实读信的声音很温暖，但就是让人感到很伤感、很伤心，特别想哭，可能觉得兄弟俩都很可怜吧，了解了他俩的故事之后再听，真的很想掉眼泪。
>
> （访谈对象，WJX，2017年7月28日）

除了参与式观察,笔者也做了访谈研究。受访者谈及在荷兰国立博物馆中参观伦勃朗的名画《夜巡》(*The Night Watch*)的场景。这幅画作占满了一堵墙,典型的伦勃朗的风格,深棕色作为背景打底,突出了色彩的对比度,笔触很粗,让人可以迅速感受到画作的重点,根本无需靠近欣赏,就能看到画家的笔触。

> 这幅画铺满了整面墙,让人完全无法忽视,无法回答它到底有多大,但让人觉得自己站在电影院的屏幕前。这幅画作带有很强的戏剧感,能清楚地感觉到画中人物就站在面前,似乎有些人物站在比较远的位置。画作的光影效果很像舞台剧里常用的追光,让人不由自主地将目光集中在画面中间比较亮的区域,等待一出好戏上演。(受访者:QYL,受访时间:2017 年 7 月 29 日)

在这位受访者的话语中,可以看到参观者如何将身体作为感知大小、远近的介质,从而产生"戏剧化"的生动体验。将自己作为舞台剧场的一部分,获得一种立体感和现场感。

二、空间感知:"9·11"国家纪念博物馆的空间营造与反思

在探讨博物馆作为媒介的空间属性时,我们着眼于四个方面的空间属性:第一,参观博物馆是个体通过在空间中的移动,建立起主观的、有深度的、立体的形象体系;第二,参观过程中能够真实地或虚拟地感受到他人的存在;第三,博物馆是城市的一部分,其本身就是一个特殊的文化符号,承载的意义能给人们以地方感;第四,博物馆作为公共空间,是城市休闲和社交的场所。基于它的空间属性,我们进一步谈到,空间感知是理解博物馆传播过程不可或缺的视角。

接下来我们用美国"9·11"国家纪念博物馆(National September 11 Memorial & Museum)的案例,依次分析与其有关的三个空间属性。此外,从这个博物馆的名称就可以看出,"纪念"属性,使它区别于一般意义上的博物馆,如此前我们谈到的南京大屠杀遇难同胞纪念馆一样,二者都属于创伤类

的博物馆，其反思性是比较突出的。因此，在这个案例分析中也会谈到博物馆的展览展陈与促进反思行为的关系。

我们首先以"重建"（recovery）展厅为例，分析展览展陈构建的空间，如何给人以立体的现场感。展馆从整体上采用解构主义的风格，用当年扭曲的钢筋、破碎的墙体、斑驳的金属部分还原了曾经的现场（见图4.5）。这些展品并非像常规博物馆的展览展陈一般，整齐地排列在密封的玻璃展柜中，而是很"原生态"地围绕在展厅的四周，圈出一块现场的模拟空间，参观者置身其中，会获得很强的立体感和临场感。为了增强这种感觉，记录当年现场救援和重建过程的视频会投影在钢筋、石块上，参观者能看到人们戴着安全帽、提着水桶在废墟上奔走、忙碌的场景。参观者在这样的空间构造中，不再以历史旁观者的身份"凝视"历史，仿佛以亲历者的身份参与、感受历史。引述《赫芬顿邮报》（*Huffington Post*）的评价："Walking through the museum is like being transported back to the turmoil, destruction and anguish of 9/11. Exhibits express the disbelief and heartache of New York and the Nation."[①]（走进博物馆，仿佛回到了"9·11事件"混乱不堪、支离破碎和极度痛苦的现场。陈列表达了纽约乃至国家的震惊和痛心。）

在"铭记"（We Remembered）展厅，博物馆用播放交织叠加在一起的亲历者音频的方式，营造了一种意义上的参观者与亲历者的共在状态。在铭记展厅，除了呈现音频字幕的大屏幕外，空无一物。然而，正是这份空旷，为每一位亲历者的倾诉保留了空间。踏入这个展厅，参观者会听到来自不同国家、说着不同语言的人们，在不同的时区经历"9·11事件"时的遭遇与心境，共有3500段录音。随着参观者的移动，讲述者的音量会随着距离远近的变化而变化，仿佛无数的亲历者在展馆中，等待参观者走近，跟他（她）诉说。亲历者音频资料在密集空间中的分布，营造了无数个会话场景（见图4.6）。参观者每一次驻足，都是对某一位亲历者的聆听；参观者在展馆中缓缓向前，似乎是与无数亲历者摩肩接踵。

博物馆展馆构成一个空间符号，在城市空间中占有特殊的位置。如古老的卢浮宫展馆群和贝聿铭设计的玻璃金字塔，营造出既古典又现代的标志性

---

① https://www.huffpost.com/entry/911-tribute-walking-tour_b_1770647。

美学符号,成为巴黎不可替代的城市符号。而"9·11"国家纪念博物馆之所以特殊,是因为它就建立在世贸中心的遗址内部。纪念馆从外观上来看,有两个人工瀑布水池,这是美国最大的人工瀑布。这两个凹陷的大水池,就是曾经双子塔的所在地,如今仿佛是双子塔的脚印。瀑布的流水声遮蔽了城市的喧嚣,让这里变得安静,成为人们静静沉思和缅怀的场所,设计者将之命名为:Reflecting Absence(反思缺席)。

博物馆展厅内,为参观者提供了表达追思的各种途径。有的参观者在交互式的电子屏上,写下了留言;有的参观者选择把想说的话录下来,也可供今后的参观者聆听。以下是部分参观者录音的节选。①

"It's something that we shared, and it's something that united us."("9·11事件"是我们共同的经历,它把我们联结在了一起。)

"All the outpouring of affection and emotion that came from our country was something really that will forever, ever stay with me."(我们国家在那些时刻倾泻出的所有的情绪和情感,将真切地永远与我同在。)

"Still today I pray and think about those who lost their lives, and those who gave their lives to help others, but I'm also reminded of the fabric of this country, the love, the compassion, the strength, and I watched a nation come together in the middle of a terrible tragedy."(直至今日,我仍然会想起在"9·11事件"中丧生的人,还有那些为了帮助他人而献出生命的人,这一切同样提醒着我,这个国家是由什么组成的,是爱,是慈悲,是力量,我见证了一个国家从一场可怕的灾难中重新站了起来。)

三、模式融合:故宫博物院整合五种传播模式

此前我们谈到,基本陈列存在一些局限,例如展馆空间有限,有些藏品的特殊物理属性,不能长期受光线影响,无法经常展出,特别是长卷式巨幅画作,给展览展示提出新的难题。专题展可以在一定程度上弥补基本陈列的缺陷,例如 2017 年 9 月 15 日至 10 月 30 日展出的《千里江山图》,曾在 20 世纪

---

① https://www.ted.com/talks/jake_barton_the_museum_of_you。

80年代展出过，为了保护画作，短暂展出后便被长久封存。此次展出期间，公众热情高涨，尤其是国庆长假期间，博物院日均接待参观者达2万人次。① 为期一个月的专题展显然无法满足公众的需求。

故宫博物院融合了数字博物馆沉浸式的传播模式，弥补了基本陈列和专题展的缺陷，进一步充分满足参观者的需求。从2015年开始，故宫博物院就开始尝试采用数字化的方式呈现这种"鸿篇巨制"的画作，把《韩熙载夜宴图》搬到了移动终端iPad上。

2018年5月29日，《清明上河图3.0》高科技互动艺术展演开始面向公众，这是故宫博物院与凤凰卫视联合制作的展演，共分为"多媒体长卷""孙羊店沉浸剧场""虹桥风光球幕影院"三个篇章。从三个篇章的命名就能看出"3.0"较之《韩熙载夜宴图》数字化的精进之处：多媒体全景、全息和沉浸式体验，参观者无论是在长卷还是在沉浸剧场中，都能真切地感受到熙来攘往的人群，仿若从现代穿越到过去，感受百态市井。在4D球幕影院，参观者可以坐在活动式的座椅中，仿若置身在汴河中的小船里，两岸风光尽收眼底，从而获得全方位、沉浸式的感官体验。

《韩熙载夜宴图》《清明上河图》借由恰当的传播方式，把原本不适用于基础陈列展览模式的展品成功地转化为数字化沉浸式的传播模式，既保护作品免于潜在的损伤，也满足了受众的欣赏需求，更重要的是，最大限度地呈现出了原作的精致入微与美轮美奂。

此外，故宫博物院由于展馆本身的特殊性，至今都未能向公众全部开放，虽然经过多年的努力，博物馆的开放区域已经由原来的30％增加到80％，但如正在修缮的养心殿、三希堂、太和殿等区域仍未开放，而参观者可以通过虚拟现实的方式进入，全方位无死角地看到里面的景致。这也是虚拟现实沉浸式的传播模式对基本陈列的补充和增强，变不可见为可见。

就融合人内和人际的传播模式而言，故宫博物院制作的"故宫社区App"，借鉴游戏化的激励机制，让参观者表达自己对藏品的见解，参与和他人的讨论，参与得越多，获得的社区积分越多。积分可以兑换游戏中"紫禁城"的一块地，随着积分增多，参观者就可以在这块地上盖房子。积分越多，房子

---

① http://m.thepaper.cn/newsDetail_toward_1858350。

也能越盖越大。

在越来越注重参观者主观感受和体验的今天,全世界的博物馆都在用各种各样的方式聆听参观者的声音。从传播的过程来看,是传播者开始将受众意见作为反馈,整合进传播环路。从传播模式来看,是将人内和人际传播融进其他传播模式中。

在诸如"故宫社区"等创新性实践之前,参观者的主观解读、参观者之间的交流讨论并非不存在,只是这些行为活动稍纵即逝,缺乏有效的平台和渠道将这些内容保存下来,这些活动中潜藏的促进博物馆传播的元素便难以落实。例如,参观者将自己的见解表达出来的这一行为,从认知和行为过程来看是一次深度加工,有助于增强参观者和博物馆之间的黏性;参观者交互中的趣味性,能吸引参观者在展馆中逗留更久。

四、场景重现:《清明上河图》再现孙羊店的场景

故宫博物院的《清明上河图 3.0》高科技互动展演中的第二篇章为孙羊店。所谓的 3.0,是展演的总工程师张博提出的说法,相对于张择端的原作,即 1.0,与 2009 年上海世博会上展出的、被誉为中国馆的展馆之宝——会动的《清明上河图 2.0》,新版本 3.0 的《清明上河图》突破了"人看画"的模式,实现了"人在画中游"的愿景。为了完整、全面地重现场景,展厅结合了"360 度环绕式全息影像""舞台美术""真人表演"三种形式。

穿过展厅中第一篇章"盛世画卷",在尽头处会看到一座拱形城门,穿过城门就抵达汴梁最引人注目的酒楼孙羊店了。参观者进入展演空间,首先看到了一个招牌名为"孙羊店"的店铺,这里是博物馆构造的"现实世界",还原了一个"真实"的羊肉铺子(见图 4.7)。店小二在桌子中间往来穿行,忙碌而有序地招呼客人,为他们斟茶倒水。在铺子的一侧,一位抱着琵琶的女子在若隐若现的屏风后面弹奏。铺子门外,采用三维全息影像,构造了远近交错的忙碌景致,三三两两的店小二挑着水匆匆从门口走过,路过的孩童在门口嬉闹,还有挎着篮子沿街叫卖的小商贩一路吆喝着路过(见图 4.8)。

楼上的场景同样是采用三维全息成像的方式构造的,包间里时不时传来一阵阵笑声,让人不禁想象着里面的食客觥筹交错、谈笑风生的场面。参观

者能看到忙碌的店小二在几个包间之间辗转穿行，好不热闹的样子。

一时间，全息影像的幻象、表演者真假已然难辨，参观者坐在"可触可感"的大厅里，仿佛觉得楼上有几十个食客跟自己在同一个时空中。如果走出门去，就可以立刻投入热闹非凡、车水马龙的汴梁市井生活中。这正是AR三维全息图像技术带来的沉浸感，参观者完全沉浸在虚拟的视觉和各种感官的盛宴之中，让虚拟和现实彻底交融，无缝对接。

在场景相关理论回顾和评述中，曾谈到场景营造和重现中的物理场景与心理场景。物理场景的营造无需赘述，展馆空间的精细设计和全息成像技术的使用，全方位、细节化地"还原"了孙羊店昔日的热闹与繁忙。"展＋演"相结合的方式，极大地"增强"了画作的现实感，因为纵使不用担心灯光等对画作的损伤，让《清明上河图》在故宫全年展出，参观者们也无法感受到如此立体生动的细节：店小二往来招呼、食客们觥筹交错，以及只有置身"店"里才能感受到的气味光影。

从心理场景营造来看，孙羊店采用互动展演的方式，具有更深远的意义。可以说，"互动"在"展演"的语境之下，表明参观者是展演过程中不可缺少的环节，每一位进入孙羊店的参观者，实际上都是穿越回北宋时期汴梁，去做孙羊店的"食客"。从这个意义上讲，参观者是用第一人称视角来体验汴梁的，这个突破仿佛是第一人称射击游戏（first-person shooter game）的出现，重新定义了游戏过程中的代入感、连贯感和体验性。

在张择端画笔下，千年之外的记忆成为每一位参观者亲身经历的"自传体记忆"：在店小二的热情招呼下，就座、喝茶，将会成为参观者们不可多得的"情景记忆"。

第五节　本章小结

本章通过对博物馆传播过程特征和传播模式的探讨，分析了博物馆传播场域的动力机制问题，也就是说，博物馆的传播场域是如何发挥作用的。

从传播过程来看，与一般大众媒介的传播过程相比，博物馆的传播过程具有以下特征：第一，博物馆传播过程具有具身性，身体动作过程的模拟会引发相应的认知改变和情绪反应。第二,参观过程伴随着多重空间感知,展览陈列中广泛地使用空间语言来叙事,离开空间语言的运用,展品陈列的内涵就不能完整传递。第三,参观者在空间中建立的立体的、有深度的形象体系,最终以片段化的场景画面保存在脑海中,构成情景记忆。第四,博物馆以富有秩序的方式陈列展品,并构筑某种特殊的氛围,参观在这种氛围之下想象、反思,是传播过程具有仪式化的特征。

从传播模式来看,第一,参观者要对展品解码,才能理解其内涵,解码过程具有一定的投射性,折射着自身的观念和需求。"解码"和"投射"都发生在个体内部,属于人内传播模式。第二,博物馆传播场域是多元主体参与的生态系统,传播过程不仅由参观者自身的认知过程所决定,也通过交往和互动来共同塑造,因此融入了人际模式。第三,博物馆经历了公共化和社会化的发展历程,当前处在媒介化的进程中。博物馆的基本陈列在不同的时间,迎接着大规模、匿名的、异质的参观者,具有大众传播的特征。第四,针对不同场合、不同时间、不同受众的需求,博物馆设立专题性和临时性展览,具有分众传播的特征。第五,数字技术、虚拟(增强)现实以及多种辅助手段的应用,与博物馆的空间属性相结合,实现了以人为中心,超越时空的泛在传播体验,具有沉浸传播的特征。

"记忆+创造力"的视角,是探究如何用具有创造性的手段,结合特有的传播特征和模式,充分激活博物馆传播场域的动能,让参观者最大限度地感知展品所承载的记忆内涵,重现记忆描绘的场景。

最后,通过四个案例分析,论述国内外相关的博物馆对传播过程和模式开展的创造性的传播实践。凡·高博物馆利用传播过程具身性的特征,用"触摸"和"聆听"的方式替代了传统的展示手段,用动作模拟、感官通道的转换触动参观者的情绪情感。"9·11"国家纪念博物馆用特殊的空间语言重构了历史现场、营造了与亲历者的共在感。故宫博物院用 App、互动展演等方式补充了常规的基本陈列和临时展的不足,运用多种手段营造沉浸体验,通过多种模式的整合最大限度地呈现了展品的记忆内涵。《清明上河图 3.0》高科技互动艺术展演中孙羊店的案例,结合了虚拟现实、全息成像和舞台表演的手段,重现了展品《清明上河图》中所描绘的一个场景,用物理场景打通心理场景,帮助参观者构筑了情景记忆。

第五章　博物馆传播场域的主体：自我、他人与互动

一直以来，文物或展品被视为博物馆的根基，是博物馆的立身之本，博物馆的一切工作都是围绕物展开的，物是博物馆不可撼动的核心。与之相对应的是，无论是作为策展者的博物馆人，还是观众，都处在一种失语的状态。

随着新博物馆学运动的兴起，越来越多的学者和从业者开始广泛地加入博物馆的物与人到底孰轻孰重的讨论中来。国内博物馆学学者苏东海也对物与人相对重要性的问题做过分析，是他将中国博物馆学研究对此问题的反思，带入国际话语体系当中。

虽然国内外的学者在"从物到人"的转变上达成了共识，但就实际的操作而言，并未真正实现把参观者作为中心的目标。有学者曾论述过博物馆对待参观者的三种方式：第一种是把参观者视为陌生人，即博物馆最重要的目标是展示藏品，并不关注参观者；第二种是把参观者当成客人，即博物馆为了实践使命，尽力做到"教育者"责任；第三种是把参观者当作顾客，即按照观众自身的需求，博物馆作为协助者，帮助参观者满足自身需求（朵琳等，2017）。

因此有学者认为，国内博物馆的实践中"以人为本""以人为中心"的转向，只是把参观者当作了客人，并未深入地了解参观者的动机、兴趣和喜好，看到参观者更深层次的需求（尹凯，2017）。诚然，我们需要把参观者当作顾客，从而更好地满足他们的需求、让他们获得很好的参观体验。但对参观者的认识，远不应该止于这个层次。

第一节　参观者：个体视角

一、参观者主要类型

纵观既往博物馆研究当中涉及的对参观者类型的考量，福尔克（2009）在《认同与博物馆参观者体验》（*Identity and The Museum Visitor Experience*）中把参观者分为以下几种：探索者（explorer）、促进者（facilitator）、专家（professional/hobbyist）、复原者（recharger）和寻觅者（experience seeker）。

与布迪厄从社会阶层角度对参观者的分类相比，这种分类方式触及了参观者内在的心理需求、价值认同和生活方式，本质上是基于参观者的心理需求与行为模式之间关系的探讨。结合上述分类，笔者首先对不同类型参观者的行为模式与相应的记忆特点做出梳理。

专家通常是参观博物馆的高频访者，就专业领域的不同，可能会特别钟情于某类博物馆，不管是否有他人相伴，都会去博物馆，对方便性和成本的考量较低。就具体的行为来看，总体停留时间较长，有可能在某些展品前做特别的停留，甚至是一些冷门的展品。单次参观的目的性较强，可能会根据特定对象、特定的主题设计参观路线，很可能会多次造访同一个博物馆。就参观效果而言，记忆聚焦展品内容，短期记忆具体精确，长期记忆保存得最为完好。

促进者往往是出于家庭因素或社会交往的原因才会造访博物馆。前者往往是家庭活动的组织者，如父母带孩子参观博物馆；后者可能是因为朋友造访，或者偏好把博物馆当作社交活动的理想场所。这类人参观博物馆的动因并非自我驱动的，因而所选择的博物馆会受到其他外在因素的制约，诸如出行方式、距离、天气状况等。他们的注意力也不会全部放在博物馆本身设计和展品上，而会关注博物馆的配套设施和服务性空间，如餐馆、咖啡厅、停车场、户外活动空间，甚至是博物馆的周边环境。就长期来讲，促进者之后回忆起来的参观记忆往往与人有关，而博物馆只是社交活动或家庭活动的底色或背景。作为参观活动的发起者或协调者，往往会对当时安排的合理性和大家总体感受做出评价。

复原者大多是把博物馆当作调剂日常工作压力，跳脱固定生活模式的上班族，他们通常具有良好的教养和艺术品位，从事强度较高的脑力活动。在周末或假期到博物馆来，放松紧绷的神经，接受艺术熏陶的同时，让身体和头脑都得到复原。他们不一定有特定的艺术偏好，也不是抱着特定的学习目的来的，博物馆是他们身心充电的一种有效方式。他们一般会选择离住所比较近的博物馆，具体的参观行为比较随性，有的会与朋友或家人一起前来，也有独自前来的。参观的长期记忆效果因人而异。记忆保存的内容与效果在复原者中差异较大，从记忆形态来看，基于参观场景的情景记忆居多。

寻觅者往往来到了博物馆的区域但并未真正进入博物馆参观，他们既可能是当地人，也可能是游客。他们偏好博物馆周边的环境和基础设施，在此做一段停留，但可能出于经济因素考虑，或对博物馆没有足够的兴趣，最终没有买票进入博物馆。他们会选择在长椅、咖啡馆小憩，逛逛博物馆商店，欣赏街头艺人的表演，甚至是睡上一觉。也有当地人选择在此处遛狗，几个朋友做些简单的体力运动（如抛飞盘），在这里度过一个放松闲适的下午。

此外，游客大体上归属于寻觅者类型，但构成复杂，参观行为和体验也多种多样。他们的共性是，一般受时间限制，参观过程会少些从容。一般而言也是第一次造访某个博物馆，某些著名的博物馆在游客眼里等同于其他景点，是列在任务清单上的必做之事（"to do list"）。如果有"明星展品"或"镇馆之宝"，如卢浮宫的三大镇馆之宝，特别是像《蒙娜丽莎》这样的展品，游客往往会接踵而来，完成踩点式参观，并拍照留影，通常不会对展品进行深入了解。从参观的总体情况来看，游客通常会走马观花地快速过一遍，较为依赖导览图。从参观的长期效果来看，主要评价停留在"去过"，或看过某一样展品，对博物馆总体有个大致的评价，较少涉及某些展品的细节。当然，正如前文所说，游客的种类有很多，不乏一些有浓厚兴趣的人，做深入解读和长久停留，形成的短期记忆具体鲜活，长期记忆也能较为完整真切。但从整体趋势来看，游客的参观行为主要表现为前述特征。

二、参观者个体差异

布迪厄从美学社会学的角度研究过博物馆公众的个体差异，并将研究发现撰写为《艺术之爱：欧洲艺术博物馆及其公众》(*The Love of Art：European Art Museum and Their Public*)(Bourdieu，1990)。即使在今天看来，这项研究在视角和方法论上依然是颇有前瞻性的。他在1964—1965年间，带领研究团队对法国境内的21家博物馆，以及欧洲的数家博物馆（包括希腊、波兰、荷兰的博物馆）累计28443名参观者，进行了问卷调查，对研究数据做了精细的统计学分析后，形成了这本量化研究报告。

研究最重要的发现是，尽管（当时欧洲的）博物馆已经以低廉的门票价格，使得任何人都能够进入博物馆，然而实际上除了上流社会的公众有对艺术品的解码能力，绝大多数中下层社会公众是没有欣赏能力的。因此，与其说开放的艺术博物馆推进了社会阶层之间的平等，不如说是加剧和固化了阶层之间的区隔(Bourdieu，1990；朱国华，2004)。

在广泛地调查了参观者的社会经济属性后，布迪厄(1990)提出，不同阶层在艺术解码能力上的分化根本上是由受教育的程度不同导致的，但这里的受教育程度并非指的是学校教育，而是家庭教育，或者说是长期形成的家庭氛围、涵养。当然，排除家庭教育这一因素，个体的受教育程度越高，参观博物馆的频次越高，只是相较于家学涵养而言，前者是更上位的、本质的影响因素。

除了对广泛的人口和社会经济因素进行调查，布迪厄也关注内在的动机因素和外在的行为等因素，对参观行为和习惯的考察尤为详细，例如此次在博物馆内停留的时间，陪同人员的个数与属性；个体参观博物馆的频次和偏好，如是否喜欢各种方式的导览，初次进入博物馆的年龄。

布迪厄对这些数据分析阐释，发现上流社会、中产、工人三个阶层的成员在博物馆内逗留的时间呈现出稳定的、显著的不同。他强调时间数据是洞悉阶层差异的重要指标：对艺术品解码能力的不同直接导致了参观者是否会很快丧失兴趣，因而可辨别不同阶级对待博物馆的本质不同，布迪厄使用认知理论来解释这一过程，当信息过多，大于参观者的认知能力时，参观者会产生被淹没（overwhelmed）的感受。分析了所有参观者初次造访博物馆的年龄后，布迪厄判定：受到家庭熏陶，个体参观博物馆的习惯在 24 岁之前就已经基本形成（Bourdieu，1990）。

当前，认知与脑科学的发展让研究者能更深入地探讨参观者的差异，特别是内在差异，如人格特征和自我认同等。有一项新近的研究，基于参观者的问卷调查和生理指标的结果，探索了大五人格与博物馆参观行为的关系。参观者被要求在一个名为"达·芬奇空间"的博物馆区域自由探索 10 分钟。与此同时，研究人员通过仪器测量了脑电图（EEG）和自主生物反馈数据，最后，参观者通过问卷完成了大五人格测试。分析的结果揭示，参观者的宜人性（agreeable）与左额叶皮质 α 活性呈现负相关，表明具有较高宜人性的参观者在欣赏达·芬奇的模型时，努力试图理解达·芬奇的内心世界。参观者在外向性（extroversion）上的得分与皮肤电等级（skin conductance level）和心率（heart rate）存在显著的负相关，外向性越高，他们在观察达·芬奇发明模型时，心率下降越明显。外向性高的人的生理指标是比较活跃的，他们在欣赏达·芬奇的模型时，高度专注，可能是他们生理指标下降的原因。最后，大五人格中的责任心（conscientiouness）与参观行为及生理指标也呈现出了显著的相关关系。责任心高的参观者会一丝不苟地欣赏那些并不太受大多数参观者关注的展品，他们的谨慎、理性在欣赏博物馆展品的过程中也充分地体现了出来（Celli，2016）。

第二节　参观者：人际视角

一、交往与角色

早期的博物馆研究，并不关注不同的参观者群组之内和参观者群组之间的区别和互动。此前我们谈到，福尔克对参观者进行了分类，其中的促进者（facilitator）是基于人际的视角，着眼于参观者的社交属性所命名的。然而在布迪厄的研究中，陪同式的参观是带有一定的负面意义的（Bourdieu，1990）。

　　基于欧洲参观者的调研，布迪厄发现，相较于工人阶级和中产阶级的参观者，来自上流社会的成员更倾向于独自一人来博物馆（见表5.1）。

表5.1　欧洲博物馆公众社会阶层与参观随行人员的调查情况

阶级 (classes)	与一位向导 (with a guide)	与一位知识渊博的朋友 (with a knowledgeable friend)	独自 (alone)	总数 (total)
工人阶级 (working classes)	42	41	17	100
中产阶级 (middle classes)	26	40	34	100
上流社会 (upper classes)	17	43	40	100

　　资料来源：笔者根据"The Love of Art：European Art Museums and Their Public"（附录3）制作。

　　布迪厄将三类人的差异做了这样的解读：由于中下层阶级的参观者缺乏对高雅艺术作品的解码能力，为了减少参观过程中的局促感，他们喜欢与朋友相伴而行，混在人群中。这样一来，他们的不自在感就会降低，知识渊博的（knowledgeable）朋友能帮助他们保持适当的礼仪，使他们不至于在博物馆这种神圣高雅的地方出丑。向导或讲解员也能起到类似的效果。相反，上流社会成员是最反对将高雅艺术通俗化的，他们非常反感讲解员把只可意会不可言传的艺术作品讲得浅显易懂，更喜欢独自品味的乐趣（Bourdieu，1990）。

　　在今天来看，布迪厄的见解是过时的。第一，博物馆不再仅仅被当作高高在上的文化殿堂，也是亲民的文化集市。或许参观者缺乏相应的知识和美学素养，对"高雅"的展品做了"协商式"甚至是"对抗式"的解读，与专业人士的"主导式"的解码并没有孰优孰劣之分。第二，博物馆作为公共空间，其功能和属性也随着城市发展进程发生着演变。社交功能并不次要于研究学习、艺术熏陶的功能。

　　相应地，基于某种社交目的、情境、关系属性而产生的各类角色逐渐开始受到研究者的关注。例如在前文中提到，社交情境中担当促进者（promoter）

身份的参观者,他们有的是接待游客朋友的当地人,在一个不适合户外运动的雨天,选择带领朋友们通过博物馆了解当地文化;有的是父母,作为促进者带领孩子去博物馆开拓视野和学习。有研究者基于68组家庭在明尼苏达自然科技博物馆中的互动发现,父亲通常担当起行为引导的角色,如以怎样的速度在博物馆中行进,其他家庭成员往往会在无意识中追随父亲的脚步;而母亲通常是语言引导(Cone et al.,1978)。

实地调研中,我们遇到了来自英国的一家人,祖孙三代共四人,两个六岁的女孩以及带领她们的母亲和爷爷,他们刚刚参观完凡·高博物馆,欣然接受了我们的问卷调查和访谈邀请。问卷设计中大部分题目超出了六岁儿童可以阅读和理解的范畴,孩子先是独立作答,遇到问题的时候爷爷逐字逐句给两个孙女读题目并解释含义。

后续的访谈中,小女孩的爷爷和母亲在参观博物馆的过程中也扮演的是这样的角色,他们任由孩子们在展品中自由穿梭,不会规定参观路线,也不会刻意教什么,只有在孩子提问的时候才会答疑解惑。

> Normally, we don't have specific plan about our visit. Visiting museum is so different when you become a parent. You just follow your kids and take care of them. You know, like explaining everything, keeping an eye on them in case they are too noisy. The route we actually take depends on the kids' interests on that moment. (一般来说,我们并不会做参观博物馆的详细规划。当你为人父母之后,参观博物馆变成跟以前相比截然不同的事。你得跟着孩子们,照顾他们,你得帮助他们解释展品,看着他们,以免他们过于吵闹。参观路线其实完全取决于孩子们那会儿的兴趣。)(访谈对象:JT,2017年10月26日)

此外,这位母亲谈道,她把博物馆看作日常的育儿场所,在博物馆里,她有机会教孩子日常礼仪,引导他们成为有教养、文明的人。博物馆之于这位母亲而言,与其说是展示藏品的空间,不如说是功能发生变异的"社会化养育空间"。

We visit museums with our kids on a monthly basis. Mostly we visit natural and science museum, where kids won't get bored. I found the museum is a good place to educate kids, not just about knowledge, also about how to behave themselves in public places. (我们每个月都带孩子来参观博物馆，通常是参观自然和科学类的博物馆，在那里孩子们不会觉得无聊。我认为博物馆是一个教育孩子的好地方，不仅能让孩子学习知识，还能教育孩子什么是公共场合的行为礼仪。)(访谈对象：JT，2017 年 10 月 26 日)

通过这个例子，我们可以发现，角色的转换会改变参观者的目的、兴趣和对博物馆的诉求。多元地、立体地考量不同类型的参观者和他们所承载的社会角色、家庭角色，能够更清楚地发现他们的需求所在，从而提供精准的、有效的服务。

二、对话与互动

博物馆的参观过程本质上是参观者对展品凝视，并结合可以参考的资料（各种形式的讲解和导览），经由一系列的体验、阐释、判断和评价，生成主观意义的过程（Pierroux，2003）。大多数参观者会与家人和同伴一起前来参观。布迪厄在《艺术之爱》中，简短地描述过欧洲上流社会中以家庭为单位的参观者会相互低语讨论，但并没有对这些互动进行更深层次的分析。

意义的生成是一个中介化（mediated）的过程，在这个过程中，参与中的主体、语境、对话等都会影响到最终的结果。研究者从社会文化的角度探讨这一问题，维果茨基强调语言是最主要的媒介工具，因而研究者开始关心谈话过程如何影响参观者的意义生成。

社会学家认为谈话之所以重要，是由于它真正反映了社会交往与文化相互交织的过程（White，1995）。在这种相互交织和共同建构的过程中，不同参与者的知识得到了利用，更新和迭代。

日米尔·科努普认为，当前博物馆已经发展到了 3.0 时代，最主要的革新体现在博物馆中的传播由原来的单向传递变为当下多个面向之间的循环共享。如图 5.1 所示，博物馆空间及展品所蕴含的意义是由多个参与者在相互对话和情感互动中共同创造出来的。创造出的意义不再具有专业意义上的排他性，但由于互动过程是排他的，意义的生成具有社交排他的属性，博物馆的传播因此呈现"参与式转向"。

近些年，有学者开始关注参观者之间互动的物理方面，例如，互动过程发生的介质，诸如是否有设备起到连接和辅助的作用，是否能刺激参观者进行更多的互动，也有研究关注参观者的身体本身，特别是动作如何参与到互动中来，影响参观者之间的信息交换和意义生成（Pierroux，2010）。

早在语言出现之前，动作就承载着丰富的意义，在人们的交流中发挥着重要的作用。互动中的身体动作能够传递信息，承担着社交功能，也将在社交中影响意义的生成。因而，博物馆学学者专门探讨了手势、姿势等在意义生成过程中的介导作用。例如，研究发现，在参观罗丹的雕塑"思想者"时，参观者对作品的关注的面向、角度和重点，绝大部分是社交导向（socially-oriented），同伴所占的位置、指示性手势等一系列非语言性的动作决定了雕塑作品之于参观的可见性（visibility），这些互动引发的随后的对话、讨论和意义生成与作品本身的主要特征几乎没有必然的关联（Steier et al.，2015）。

随着研究者越来越关注参观者之间的对话和交互，博物馆人也在想方设法地刺激参观者之间互动。现有博物馆的移动导引设备，大多数是不鼓励参观者之间相互交流的，因为参观者需要戴上耳机，各自操作手上的设备。而且，移动设备传递的信息是知识性的，而非情感性的，这些内容往往不容易激发参观者群组内部的交流。

当前，有研究者开始利用移动设备，为参观群体创设戏剧化的场景，通过传感器获取群组内参观者的对话和反应，参观者手持的移动设备中设定了不同脚本，群组内的参观者每人在这个戏剧化场景中完成一个戏剧片段。例如，某个参观群体选择寻宝的戏剧脚本，在他们各自手持的移动设备上会出现某些宝藏（藏品）的位置及寻找攻略，参观者们要在有限的时间里相互配合，才能完成最终的任务（Callaway et al.，2014）。研究者们逐渐地达成这样一种共识：能够激发起参观者们对话和交流的博物馆实践，才是成功的实践。对话不仅仅是关系信息的交流，也是情感的共享。①

第三节　"记忆＋创造力"：认知活化与创新酝酿

一、记忆：从集体记忆到个体记忆的内化

博物馆是最典型的"记忆之场"，展品被按照一定的方式组织和展览，构成一套有意义的集体记忆系统。参观者来到博物馆，在历史时空与现实生活时空的交错中行走、浸润，在集体记忆里采撷、回味。每一次在不同的空间之中移动，都会或多或少地把博物馆呈现的集体记忆内化为属于自己的记忆，把从博物馆这样的集体的记忆之场中的集体记忆"转移"到个人的头脑中，成为个体记忆的一部分。

从集体记忆到个人记忆，是信息筛选的过程。世界著名的博物馆多以藏品丰富著称，例如大英博物馆，藏品多达 800 万件，展出数量却很少；而故宫博物院现已发现的藏品数量已经超过 180 万，虽然展出的数量不足百分之一，但对参观者而言，已经是目不暇接，远超人的认知资源。认知的过滤器理论认为，人在一定时间内能注意到的信息是有限的，当信息超过认知资源能处理的信息时，人脑就会自动过滤掉一些信息。除了这种无意识的、全或无（all-or-none）的选择机制，参观者也会按照主观意图和愿望主动地选择感兴趣的内容。

从集体记忆到个体记忆，是个体对历史的"再度创作"。之所以是再度创作，是因为第一次创作是博物馆完成的。展品承载的历史资料常常是纷繁复杂的，没有天然的体系，博物馆需要从海量的、零散的，甚至是相悖的展品故事中凝练出一条故事主线，在这条主线的叙述之下，展品共同构建出一整套历史意义。参观者在这条主线的引导下，采撷感兴趣的内容，再通过想象与

---

① 　https://mw2016. museumsandtheweb. com/paper/cultivating-mobile-mediated-social-interaction-in-the-museum-towards-group-based-digital-storytelling-experiences/。

自我建构，形成自己对历史的主观理解。经由不同参观者对这些记忆挑选、再建构，集体记忆得以在每个参观者个体的头脑中激活和个体化。不同的个体对同一个展品所承载记忆的理解和感受是有巨大差别的，甚至是截然不同的，因为任何记忆的内容，都不可能独立于参观者的心理结构（或称为心理图式，Schema）。这种心理结构源自个体过往的社会生活：对过去的经历和记忆构成了稳定的心理图式。心理图式的差异，导致了对同一事件记忆的、理解的差异。

从集体记忆到个体记忆，是知识获取和生产，以及认同建构的过程。燕海鸣在《博物馆与集体记忆：知识、认同、话语》中引述苏珊·克兰的观点"博物馆是个人认同与集体认同、记忆与历史、信息与知识生产互动的场所"（燕海鸣，2013）。集体记忆之所以能够形成和延续，一个主要因素是"历史知识"对于个人和群体自我认同的形成起到至关重要的作用。一个群体通过分享共同的回忆，能够获得深厚和坚韧的集体归属感和认同感，这样的归属感和认同感同时进一步塑造着一个稳定的集体和社区。

不同参观者参观完同一个博物馆，带走的记忆常常是大相径庭的，同一个参观者在不同的目的和心境之下，与不同的随行者造访同一家博物馆，形成的记忆也会有巨大的差别。人的认知过程具有"选择性""理解性""整体性"特征，这就意味着每个参观者会根据自身当前的兴趣和需要，在丰富的展品中选择特定的内容进行加工。对认知内容的理解，是以过去的经验、当前的知识为基础，对此次参观、所看展品做出一个统合性的解释，最终形成个性化的语义记忆和情景记忆。

二、创造力：认知、情绪与心流

在研究个体创造力的领域中，心理学家齐克森米哈利的著作《创造力：心流与创新心理学》（*Creativity：Flow and The Psychology of Discovery and Invention*）是处于研究前沿的。按照齐克森米哈利的观点，个体拥有创造力的首要条件是：要对外界现实、特定领域尽可能地拓展和感知。

以符号为中介的知识存在于身体之外,它无法通过铭刻在染色体上的化学密码来传播,而必须有意识地传承与学习(Csikszentmihalyi, 2014)。

齐克森米哈利在书中举了一名发明家提供的例子:

要成为一名具有独创性的思想者,你必须具有数量惊人的信息。如果你要进行想象,就必须有一个与此相关的大型数据库。如果你是音乐人,你要聆听和了解很多音乐。如果你出生在孤岛,从没听过音乐,那么你绝对不可能成为贝多芬。因此,如果你想做成某件事,想要有所创新,就必须拥有那类记忆(Csikszentmihalyi, 2014)。

个体必须掌握特定领域的符号,才可能在这个领域获得创新。例如,数学、医学、音乐、绘画领域由不同的符号来表达,表现为各种各样的知识,创新通常在领域内部、以特定知识的创新为发端,领域之间知识的迁移也会促成创新。因而,创新要求个体以掌握大量本领域的知识为前提,在本领域的小世界里深耕、酝酿。

掌握知识的方法是充分学习,而学习的方法和途径多种多样,通过博物馆学习就是其中重要的一种。博物馆学习通常以非正式的方式展开,也可以与学校教育合作,成为正式教育的一部分,也可以按照个人的意愿,随时随地、以多种方式进行,因而可以说是最不受限制的一种学习方式。

不同类型的博物馆,能满足参观者不同的兴趣和需求。正如知识归属于不同的领域,博物馆也由于藏品内容分为自然科学博物馆、历史博物馆和艺术博物馆等。在许多欧洲国家,博物馆底蕴深厚,已经分化出各种各样的本土的小众博物馆,如比利时的薯条博物馆、荷兰的大麻博物馆。人们可以按照各自的需求,进入特定的博物馆学习。参观者通过与特定符号互动,获取丰富的信息,为创造力提供认知储备。

除了通过对信息和知识的获取,完成认知准备,情绪因素对创造力也有重要的影响。认知资源理论认为,积极的情绪情感状态有助于促进创造性思维。而消极的情绪,特别是焦虑等负性情绪,会显著地抑制创造性思维。

一般来说，在积极情绪状态下，人的认知系统处于比较放松的状态，更容易产生丰富的联想，从而使得思维更具有灵活性和独创性；而消极情绪状态下，认知系统会受到抑制，往往不利于创造性思维的发挥。认知心理学领域的学者对此提出了一些理论解释，如拓展建构理论（broaden and build theory）认为，"兴奋的""快乐的"等积极情绪能提高人脑的思维提取能力（Fredrickson et al.，2005）。

研究表明，参观博物馆有助于情绪的调整优化（Falk et al.，2012）。情绪变化是由于共情的发生。社会心理学研究者也用同感、共鸣等词汇来描述共情（陈晶等，2007）。按照艾森伯格和斯特雷耶（1987）的定义，共情指的是由于个体出于对他人情绪和情感状态的高度理解，因而自己也产生了相似的情绪和情感。共情是在人与人的互动和交往中产生的，既是一种情感能力，也是一种情绪状态，并且有动态和方向性的特征（郑日昌等，2006）。共情在情绪方面对人有积极的作用，共情体现在人与人之间情感纽带的力量，其最重要的作用在于，让我们知道自我与他人是紧密联系在一起的，这种情绪相通的感觉，会让人感受到慰藉，是道德感形成的前提，也会促进个体产生亲社会的行为（刘聪慧等，2009）。因此，本书认为，参观博物馆能够缓解日常生活中出现的负面情绪，诸如焦虑、抑郁、紧张等，能够平复人的心境，使人处于积极、平和的状态。

最后，创造力的激活通常伴随着"心流"（flow）的出现。心流是心理学家齐克森米哈利重要的理论构想：出现心流体验时，人会浑然忘我、心无旁骛，完全忘却周遭其他事物和时间的存在，整个身心都能发挥到极致状态。一旦能处在身心合一、专注投入的状态，创造力就会勃发（Csikszentmihalyi，2014）。人在心流的状态下，意识是高度集中的，通常察觉不到时间的流逝。也就是说，客观上时间的流逝与个体主观上的感知是非常不一致的。多数情况下，是个体由于高度沉浸于当下的活动，而对时间流逝毫无察觉。

三、从记忆到创造力：学习、研究与创作

记忆的内化受到特定参观目的的影响，具体而言，参观者可能出于职业需求、学习任务，对某类主题的博物馆进行多次、深度造访。在特定目

标的驱使之下，参观者通常会聚焦某一类甚至是某一件展品，对此进行深入剖析。

第二章谈到，博物馆大体分为自然科学博物馆、历史博物馆和艺术博物馆，保存着人类历史进程中对自然的记忆、对社会的记忆和对情感的记忆。参观者根据不同的学习或研究目的，会选择特定的记忆内容，按照当前学习和研究任务的要求，将展品所承载的记忆内容进行解码、编码和存储。

相关专业领域的参观者对特定记忆的内化，能够促进专业知识的学习、专业技能的获得，进而在此基础上，发现新的问题、解决新的问题。从参观者层面来讲，记忆的内化是创造力酝酿的初始阶段，经由参观者的积累与活用，生成新的知识，推动该领域在概念、方法、理论和实践等方面的发展进程。

本小节通过医学生在荷兰身体世界博物馆学习解剖学原理和技能，性别与社会学研究者基于 LGBT（Lesbian，Gay，Bisexual and Transgender，女同性恋、男同性恋、双性恋和跨性别者，加注方式呈现）博物馆的展品资料推动该领域的理论研究进程，以及相关艺术工作者广泛地把博物馆当作获取创作灵感的源泉，来论述不同的参观者如何完成"记忆内化及创造力酝酿"的。

身体世界（Body World）博物馆是由解剖学家甘瑟·冯·哈根斯（Gunter von Hagens）创立的系列博物馆，展出的是塑化的人体和动物标本，由于使用了先进的解剖和保存技术，使得塑化的标本清楚地呈现出了人体的细节，能够阐明各个结构之间的关系以及各个结构在活体功能中的作用，因此为医学培训和教育提供了丰富的教育素材和教学场景。

在临床教育的培养中，解剖学是一门比较困难的学科，在传统的学习方式中，他们通过电脑动画、解剖模型与实际操作来完成，前两种学习途径的学习素材与塑化的身体标本相比，生动性和真实性都相对较差。事实上，临床医学相关专业的学生，尤其是低年级的本科生会带着强烈的兴趣和专业目的到身体世界博物馆（Leiberich et al.，2006）。身体世界博物馆也为大学和自然历史博物馆提供解剖标本，以辅助学生和外科医生完成专业培训。纽约大学牙科学院聘请哈根斯为客座教授，让他基于博物馆的标本专门为学生教授解剖学课程（Jones，Whitaker，2009）。

而笔者在参观身体世界博物馆的过程中，遇到了阿姆斯特丹艺术学院

(Amsterdamse Hogeschool voor de Kunsten)动画设计专业的学生，他们已经连续数个周末组团造访身体世界博物馆，在二层的"身体运动"的展厅中练习素描。与他们交流后发现，展厅中呈现了多种身体姿态下的人体，如跨栏、荡秋千、掌舵、打橄榄球时的身体形态。而身体世界博物馆将这些身体以（半）解剖的标本呈现出来，并且将皮肤除去，最大限度地呈现出了人体骨骼的形态、肌肉的纹理，这对于他们理解人体运动状态下的动感、质感和线条感有极大的帮助。

当前，全世界范围内已经有一系列 LGBT 主题的博物馆，旧金山卡斯特罗街区（Castro District）的博物馆（群）是世界著名的 LGBT 群体的聚集区域，这里的博物馆（群）举办了一系列的展览，向世人展示了 LGBT 群体在过去一个世纪里掀起的社会运动和抗争的历史。

该类博物馆展品构成研究 LGBT 社会运动史不可多得的资料。例如，展品中有 1919 年在一战中服役的同性恋小说家克拉克森·克莱恩（Clarkson Crane）的照片，有记录变性活动家卢·沙利文（Lou Sullivan）在 1950 年生活状态的史料文件，还有 20 世纪 80 年代到 90 年代期间，人们进行同性恋抗争和游行时穿的 T 恤、照片和传单。在博物馆的前廊，办有"来自 LGBT 历史协会档案馆伟大藏品"的永久展，这些展品的资料极其宝贵，有口述历史访谈，还有当时的期刊和其他影像资料。

博物馆举办的永久性展示和临时展是国际 LGBT 研究、性别研究、博物馆学等社会科学研究等相关领域公认的史料中心，越来越受到学者的关注。这些资料成了学者们开展研究的基础，近些年，不断有专著、研究报告期刊论文、硕士博士论文作为重要的研究成果涌现出来，例如《博物馆和同性恋群体：博物馆和其他策展者如何突出主体视角》（2016）、《出柜，走进档案馆，研性别的历史》（2015）等。

同时，记忆内化与创造力酝酿并非只限于特定领域、带有特定研究目的的专业学者，对于一般意义上的参观者，这一过程具有潜移默化、润物细无声的特点。对此，学者们既有研究也做过探讨。例如，国内博物馆学学者宋向光（2009）曾翻译过创造力研究领域代表学者齐克森米哈利的文章，其中谈到，许多在各自领域颇有创造力的人，都曾谈起过早年参观博物馆的经历对其日后发展的深远影响：丰富的藏品能激发其对某个事物强烈的好奇心，在好奇心的驱使之下，参观者开始对事物展开了广泛的探索。充分的积累与探索精神的养成，为日后创造力的勃发埋下了伏笔。

第四节　参观行为与体验分析

一、研究设计

（一）研究问题

在现有研究的基础上，本书试图通过问卷调查回答三个层次的研究问题：第一个层次是对参观自身特征的探讨，第二个层次关注的是参观者与他人互动及相互影响，第三个层次探讨的是参观博物馆对个体的认知方面、情感和创造力方面有什么样的影响。

第一个层次，布迪厄和福尔克关于参观者的研究揭示了参观博物馆作为一种文化消费的活动，受到社会阶层、受教育程度、家庭文化氛围的影响，折射着个体的价值观念、艺术旨趣和文化认同。

人格特质正是综合反映个体的成长环境、精神风貌决定思维方式和行为风格的稳定的心理特征。在第五章的一开始我们谈到，研究者已经通过先进的手段，捕捉到不同人格特征的参观者在博物馆里有完全不同的思维过程和行为模式（Celli，2016）。这些研究提示我们，人格特征是洞悉参观者差异的窗口。而大五人格是当前人格研究领域，最具有代表性和普适性的理论架构，广泛地适用于不同的文化和社会情境。

认同，相对于人格特质，更富有价值导向：从根本上决定个体认为什么是有价值的和什么是有意义的。因而，认同是研究文化相关行为的经典视角。认同感就像是一面棱镜，折射着人们看待文化、看待博物馆的眼光，影响着个体是否选择将博物馆当作丰富自身经验的文化意库，也主导人们如何建构自己去博物馆的记忆和意义。人格与认同都是个体在与他人和社会互动的过程中逐渐沉淀下来的，是稳定的、长期的信念系统。

　　参观博物馆的行为，是稳定的信念系统与不稳定的情境系统共同作用的结果，在研究参观者的行为模式时都要纳入考虑。此外，既往的研究，有的关注个体参观博物馆的习惯，有的关注某一次的参观行为，这二者既有区别又有联系。前者反映的是参观者对待博物馆一般意义上的态度，受本人个体的偏好（如人格和价值观）的主导，后者则更多地反映了个体对某个特定博物馆的喜好，也更容易受到情境、目的（动机）和他人的影响。在问卷调查中，我们用"过去一年去博物馆的次数"和"此次参观的时长"两个指标来测量参观者的行为模式，并分析人格、价值和动机与行为模式的关系。

　　第二个层次，我们探讨的是人际层面的问题。与他人一同来参观博物馆的参观者占多大比重，这些陪同者是什么身份，他们在参观过程中是否会对展品展开讨论，这些讨论在谈话内容中占到多大比重？进一步而言，他人在多大程度上会影响参观者对展品的理解和感受？

　　第三个层次的问题实际上是从传播效果的角度讨论的，就认知和情感而言，参观博物馆能给人带来怎样的影响？此外，这些影响是否会因参观者的不同属性而不同？

　　认知方面，不同类型的博物馆传播自然、历史、文化、艺术等特定的知识。然而，本书所探讨的认知影响不是针对具体的知识而言的，而是广泛意义上，参观博物馆是否能让人感到思维活跃（active）或备受启发（inspired）等宽泛意义上的认知体验。情绪方面，试图探索参观博物馆是否能给参观者带来积极的情绪影响，例如积极情绪相对增多，消极情绪得到一定缓解等。此外，那些经常参观博物馆的人，相比不经常参观博物馆的人，在认知和情感的变化方面是否会有差异？问卷还询问个体参观博物馆的过程中对"丧失时间感"的程度，从而衡量参观者在多大程度上体验到了心流的产生。

（二）研究工具

1.社会人口学信息

本书涉及的社会人口学信息包括性别、年龄、学历、国籍。

2.博物馆参观习惯和行为

一是过去一年中参观博物馆的次数，分为从不、1～2次、3～5次、5～8

次。二是此次在博物馆里停留的时长，分为少于半小时、半小时到一小时、一小时到一个半小时、一个半小时到两个小时、两小时到两个半小时、超过两个半小时。三是第一次参观博物馆时的年龄。四是此次跟谁一起来，分为朋友、恋人、家人、独自前来。如果有人陪同，他（们）在多大程度上影响你对展览的理解和对博物馆的整体体验（10％～100％）。

3.人格

本书选择简版的大五人格量表（Gosling，Rentfrow，Jr，2003），包含开放性（openness）、宜人性（agreeable）、神经质（neuroticism）、外向性（extroversion）和责任心（conscientiousness）五个维度。采用李克特七点计分的方式，被试在1（即完全不同意）到7（即完全同意）的尺度上评价10个条目对自己的符合程度。该量表的内部一致性信度为0.76～0.82。

4.价值观

本书选用社会价值观量表（Davidov et al.，2008），共包含10个条目，对应10种价值取向。被试需要在每个条目上，评价该条目中的价值取向对自己的重要程度。10种价值分别是权力（power）、成就（achievement）、享乐主义（hedonism）、刺激（stimulation）、自我导向（self-direction）、普世主义（universalism）、仁爱主义（benevolence）、传统（tradition）、遵从（conformity）、安全感（security）。本量表也采用李克特七点计分的方式，被试在1（即完全不同意）到7（即完全同意）上选出符合自己的选项。

5.认知和情绪

本书选用了11个词来测量被试参观前后在认知和情绪上的变化及其幅度（Watson et al.，1988）。认知相关的词汇有：活跃的（active）、不确定的（uncertainty）、被淹没的（overwhelmed）、被启发的（inspired）。情绪相关的词汇有：平静的（peaceful）、抑郁的（depressed）、焦虑的（anxious）、紧张的（nervous）、挫败的（frustrated）、愤怒的（irritated）、沮丧的（upset）。变化的幅度用表5.2中的尺度轴来衡量。

问卷中的指导语如下："请评价您参观博物馆前后在认知和情绪上的改变，以及在多大程度上发生了改变？""－5"到"－1"代表相应感受从大幅度降低到小幅度降低；"0"代表没有变化；依此类推，"1"到"5"表示的是相应感受从小幅度增加到大幅度增加。

表 5.2　情绪变化条目示例

减少了很多————→减少了一点					抑郁的	增加了一点————→增加了很多			
(a lot less)			(a little bit less)		(depressed)	(a little bit more)		(a lot more)	
−5	−4	−3	−2	−1	没有变化 not change	1	2	3	4	5

6.心流

心流体验比较复杂,很难用问卷测得,目前尚没有对心流体验进行测量的量表。齐克森米哈利强调心流体验的典型特征是,个体在活动中由于高度集中和沉浸,从而丧失了对时间的感知(lost sense of time)(Csikszentmihalyi,2014)。本书以询问参观者对时间感丧失的程度来衡量心流。

(三)样本描述

研究对象基本信息如表 5.3 所示。样本抽取虽然是随机的,但女性参与者远高于男性参与者。被试的年龄 13～65 岁不等,平均年龄约为 25 岁。就受教育程度而言,本科及以上学历占 44.4%。所有被试中,荷兰本国人所占比重最小,非欧盟国家人其次,绝大多数被试来自荷兰以外的欧洲国家。

表 5.3　样本概况

特征	参数
性别	男(70,39.3%);女(108,60.7%)
年龄	全距:13～65,均数:24.57,标准差,10.34
受教育程度	初中及以下(54,30.3%);高中(45,25.3%,) 本科及以上(79,44.4%)
国籍	荷兰(23,12.9%);非荷兰籍欧盟国家(126,70.8%);非欧盟国家(29,16.3%)

注:样本＝178。

如表 5.4 所示,86.5%的参观者在 18 岁及以前就参观过博物馆。参照布迪厄的研究,他以 24 岁为界线,只有 3.0% 的参观者是在 24 岁以后才首次进入博物馆(Bourdieu,1990)。

本书以 26 岁为界线,是参考欧洲某些博物馆数量繁多且发展成熟的国家,把 26 岁定为是否能够享受包括免费参观博物馆在内的多种福利的分界线。例如,法国从 2009 年开始实行相关政策,持有欧盟成员国身份证件的 26 岁以下年轻人,可以免费参观法国的 50 家国立博物馆以及上百个国家历史文物古迹。我们有理由相信,这一政策有助于激发年轻人参观博物馆的兴趣。参照这个标准,只有 2.8% 的参观者直到 26 岁才首次进入博物馆。

表 5.4　参观者首次去博物馆的年龄

年龄	频数	占比/%
7 岁及以下	70	39.3
8~18 岁	84	47.2
19~25 岁	5	2.8
26 岁及以上	5	2.8

注:样本=164,其余为缺失值,参观者反映无法回忆起何时第一次去博物馆,故没有作答。

值得一提的是,近 40.0% 的参观者在学龄前(7 岁及以下)就参观过博物馆。这一结果,其实比布迪厄用 24 岁的划界阐明个体参观博物馆的习惯在早年因受到家庭的影响而定型显得更有说服力。7 岁在一般意义上显然尚未具有所谓的解码能力。然而正如涵化理论所强调的,媒介对人的影响是潜移默化的过程。在个体的兴趣爱好、信念行为尚未定型时,媒介对人的影响可能更有效。这引发了笔者进一步设想:参观者首次进入博物馆的时间是否能在一定程度上预测他(她)在平时参观博物馆的习惯(次数)? 在随后的分析中,笔者对这一设想做出检验分析。

此外,对大多数已成年的参观者来说,第一次去博物馆的经历已相去久远,将近 8% 的参观者无法回忆出当时的年龄,因而没有填答。个体的参观习惯被操作化为——过去一年中参观博物馆的次数,表 5.5 是对这个行为指标的描述性统计。

表 5.5　过去一年中参观博物馆的次数

过去一年中去过博物馆的次数	频数	占比/%
从未去过	41	23.1
去过 1～2 次	49	27.5
去过 3～5 次	55	30.9
去过 6～8 次	31	17.4
超过 8 次(有两位被试自我报告)	2	1.1

注：样本＝178。

　　不同参观者对博物馆的态度、参观目的、习惯和感受是截然不同的,因而不能不加区分地做分析。结合表 5.5 中参观者参观次数的分布状况,考虑到分类时需要实现不同群组之间有较高的区分度,故按照参观者报告的参观频次把他们分类,分别是:过去一年中从未参观过博物馆(0 次)、偶尔参观(1～5 次)和经常参观(5 次以上)三类。不同类别中参观者的数量及占比呈现在表 5.6 中。

表 5.6　按照参观频次划分的三类参观者

参观频次	频数	占比/%
从不(0 次)	41	23.1
偶尔(1～5 次)	104	58.4
经常(5 次以上)	33	18.5

注：样本＝178。

　　最后,对参观者此次在博物馆里停留的时长做了描述性统计分析(见表 5.7),发现绝大多数参观者停留的时间都在一个半小时以上,所有参观者停留的平均时长是两个小时左右($M＝4.16$,$SD＝1.39$)。

表 5.7　本次在博物馆里停留的时长

停留的时长	频数	占比/%
1(少于半小时)	5	2.8
2(半小时到一小时)	19	10.7
3(一小时到一个半小时)	34	19.1
4(一个半小时到两个小时)	42	23.6
5(两小时到两个半小时)	41	23.0
6(超过两个半小时)	37	20.8

注：样本=178。

二、分析发现

(一)主导参观行为的个体因素：人格与认同

1.人口统计学及相关因素

在进一步的分析中,本书依次探讨社会人口统计学因素、初次参观博物馆的年龄、人格、社会价值认同对博物馆参观行为的影响。

第一步,延续样本描述中对参观者的分类,考察从不参观博物馆、偶尔参观博物馆与经常参观博物馆的三类参观者,在基本的社会人口统计学因素上是否存在显著差异。

在前一小节的样本描述和分析中遗留了一个问题:基于布迪厄的观点,个体参观博物馆的习惯在成年早期(24 岁之前)就埋下了伏笔(Bourdieu, 1990),意味着早年去博物馆的经历会塑造个体的参观习惯。结合描述性统计结果,本书样本中约 40% 的参观者在基础教育学龄前就造访过博物馆,那么,三种类型的参观者,是否在"第一次参观博物馆的年龄"这一变量上就有明显的不同呢?

带着这个问题,我们把三类人在"受教育水平""当前的年龄",结合"第一次参观博物馆的年龄"和"本次在博物馆停留的时长"四个因素上可能存在的差异做了方差分析。

为了防止过多分析过程对阅读的干扰,笔者把三类参观者分别在四个因素上的描述性统计结果补充在书后(详见附录C),在表5.8中呈现了差异性检验的分析。

表 5.8　三类参观者在多因素上的差异检验

参观频次	当前年龄	受教育程度	第一次参观年龄	本次停留时长
从不(0 次)	22.35	3.37	13.91	3.80
偶尔(1～5 次)	25.12	4.23	7.97	4.17
经常(5 次以上)	24.31	4.24	7.55	4.54
F	0.429	12.22***	12.184***	2.679*
事后比较 LSD 法 有显著差异的组	三组均无	偶尔＞从不 经常＞从不	偶尔＜从不 经常＜从不	经常＞从不

注:样本＝177(其余缺失),* 表示 $p < 0.05$,*** 表示 $p < 0.001$。

如表5.8的结果显示,过去一年中从来没参观过、偶尔参观和经常参观的三类人在当前的年龄上并没有显著差异。

在受教育程度上三类人存在显著的差异。具体而言,表现为偶尔参观者与从不参观者的差异(均值差:MD＝0.865,$p < 0.001$);以及经常参观者与从不参观者的差异(MD＝0.865,$p < 0.001$)。结合受教育程度的测量尺度(见附录C),从不参观者的受教育程度均值为3.37,即初中学历上下,偶尔参观者与经常参观者的分别是4.23和4.24,即高中学历以上。因而,高中学历在一定程度上是个可供参考的分水岭。高中及以上学历的个体很有可能成为博物馆的常客。

值得注意的是,三类参观者在初次造访博物馆时的年龄上存在显著差异。具体而言,偶尔参观者和经常参观者比从不参观者初次进入博物馆的年龄明显都要小(MD＝−5.937,$p < 0.001$;MD＝−6.363,$p < 0.001$),年龄的分野大概在7～8岁。这个结果表明,参观者对博物馆的喜好早在8岁左右就埋下了伏笔,始学龄期的参观经历对个体是否成为博物馆的爱好者有显著的影响。此外,过去一年经常造访博物馆的参观者与过去一年中完

全没去过博物馆的参观者相比，此次在博物馆里停留的时间明显长一些（MD＝0.741，$p<0.05$），结合问卷设置的测量尺度，停留时长的差值约为45分钟。

2.人格因素

大五人格与在过去一年中去博物馆次数的相关分析发现（见表5.9），五个人格维度中，外向性和开放性与去博物馆的次数呈现显著的正相关关系（$r＝0.192$，$p<0.05$；$r＝0.163$，$p<0.05$）。

表5.9　大五人格与过去一年去博物馆次数、此次参观时间的相关关系

人格	均值	标准差	最小值	最大值	过去一年去的次数	此次参观时长
外向性	4.60	0.96	1.50	6.50	0.192*	0.007
宜人性	4.67	1.16	1.50	7.00	0.068	0.127
尽责性	3.96	1.26	1.50	7.00	−0.092	0.107
开放性	4.25	0.98	1.50	7.00	0.163*	0.154*
神经质	4.72	1.02	2.00	7.00	0.099	0.155*

注：样本＝178，*表示 $p<0.05$。

外向性描述的是个体对交际活动的喜爱程度。一般而言，外向性程度越高，个体越喜欢跟他人交往。根据心理学家对大五人格各个维度的描述词，可以把握参观者的性格特点。

外向性较高的人，常常被描述为"健谈的""果断的""活泼的""精力旺盛的""开朗的""坦诚的""支配的""有说服力的""热情的""灿烂的""爱冒险的""喧闹的""专横的"等（佩文，约翰，2003）。就偏好的活动而言，他们喜欢热闹的场合，热爱与他人交流观点。博物馆的丰富性可以为参观者提供大量的谈资，这也从侧面反映了博物馆的社交属性，是偏爱社交的个体喜欢造访的地方。

开放性描述的是个体对观念和体验的开放性程度，开放性高的个体更喜欢接受新的、多元的思想，对新的观念和事物抱有积极接纳的态度。类似地，心理学家用"兴趣广泛的""明智的""独创的""有洞察力的""好奇的"

"艺术的""聪明的""智力高的""机灵的""有逻辑的""文明的""优雅的"来描述。显然，开放性高的个体偏好富有智力挑战和审美体验的活动，根据使用与满足理论，持有某种特定人格的人会倾向于参与能满足自身偏好的活动（Blumler,1974）。博物馆能满足开放性高的个体对事物的好奇和对美的追求，因而参观博物馆成为他们偏爱的文化活动。

一个较为有趣的发现是，神经质与"过去一年里参观博物馆的次数"没有显著的相关关系（$r=0.099,p>0.05$），而与"此次参观的时长"呈现显著的正相关（$r=0.155,p<0.05$）。与大五人格其他四个维度相比，神经质被视为带有负面色彩的维度，甚至被称为"黑暗人格"（dark personality），也被当作评价情绪稳定性的指标：神经质高通常指向不稳定的情绪，对外在的刺激比较敏感，容易出现焦虑、愤怒、情绪化、脆弱等反应。很显然，神经质高并不益于社会适应和身体健康。然而这个维度与艺术和创造性却有着千丝万缕的联系，艺术史上许多著名的人物都是典型的高神经质人格。

虽然神经质高低与是否成为艺术家并没有必然联系，但外向性与参观者的人格相关分析显示，神经质得分高的参观者此次在博物馆停留的时间显著比神经质得分低的参观者长。这表明，高神经质的参观者或许并不是博物馆的常客，但他们却是"深度访客"。

结合布迪厄的理论，他认为参观时间的长短能反映参观者的社会阶层，上流社会的参观者显著比中产阶级、劳动阶级逗留的时间长（Bourdieu,1990）。背后原因在于，上流社会的参观者掌握有艺术作品的解码能力，因此能真正地理解作品内涵，获得艺术享受。而其他的参观者受限于自身的文化涵养，并不能理解作品表达的深意，从而会很快丧失兴趣，早早离开。

基于本书的结果，在博物馆里停留时间的长短，并不只是如布迪厄所说的社会阶层等后天经济文化因素所决定的，人格也是重要的判别因素。神经质高的参观者，或许更有能力解读艺术家，特别是绘画艺术家。

3.三类参观者在大五人格因素上的差异

与人口统计学相关的分析策略一致，笔者将三种类型的参观者（从不、偶尔、经常）与大五人格进行匹配，绘制了三类参观者的"人格素描"雷达图（见图5.2），借此来观察三类人在大五人格的各个维度上是否呈现出差别。为了明晰起见，每一类参观者用不同颜色的线条来表示，线条用该类所有参观者在大五人格各个维度上的平均分来表示。

　　三类参观者在大五人格各个维度上均表现出不同程度的差异。总体上看,除了责任心维度,在其余四个维度上,参观博物馆越频繁,各个维度的得分越高。也就意味着越外向、越富有同情心、越喜欢尝试新鲜事物,情绪也越发敏感多变。低责任心表明,经常参观博物馆的人通常不拘小节、有点自由散漫。通过雷达图描摹三种不同类型的参观者,能直观地感受到:参观博物馆作为一种文化消费行为,清晰地折射出我们是什么样的人。

4.价值认同因素

　　在价值认同方面,笔者对参观者自我报告的价值认同与"过去一年中造访博物馆的次数"和"此次在博物馆停留的时长"进行了相关分析,来考察价值认同与参观习惯和参观行为的关系。

　　相关分析的结果发现(见表 5.10),价值取向中分别有四个维度和参观次数以及停留时间有显著的相关关系。其中有两种价值认同与这两个行为指标的相关关系是相似的,分别是自我导向维度和普世主义维度。

表 5.10　社会价值观与过去一年去博物馆次数、此次参观时间的相关关系

价值观	均值	标准差	最小值	最大值	过去一年去的次数	此次参观时长
权力	1.00	7.00	3.75	1.79	-0.089	-0.083
成就	1.00	7.00	5.00	1.51	0.051	0.026
享乐主义	1.00	7.00	4.52	1.55	0.108	0.177^*
刺激	2.00	7.00	5.19	1.21	0.148	-0.012
自我导向	2.00	7.00	5.50	1.21	0.259^{**}	0.199^*
普世主义	2.00	7.00	5.55	1.30	0.290^{**}	0.190^*
仁爱	1.00	7.00	5.01	1.41	0.189^*	0.113
传统	1.00	7.00	4.61	1.72	0.072	0.092
遵从	1.00	7.00	4.14	1.74	-0.232^{**}	0.002
安全感	1.00	7.00	5.49	1.43	0.016	0.206^{**}

　　注:样本=168(其余缺失);* 表示 $p<0.05$,** 表示 $p<0.01$。

　　自我导向维度评价的是个体在思想和行为方面对独立性的要求。研究结果中的正相关模式（$r=0.259, p<0.01; r=0.199, p<0.05$）说明了个体在精神世界和行为方式上越崇尚独立，就越喜欢逛博物馆，而且在博物馆里会逗留更长的时间。根据使用与满足理论，如果一种媒介能够满足受众的特定需求，受众就会在使用的过程中感受到满足和奖赏，因而越喜欢使用这种媒介。两者的强相关正揭示了博物馆是充满创新事物，吸引人不断"使用"的媒介，而且容许参观者以自己的方式选择和探索。

　　普世主义维度衡量的是个体对他人和对不同文明的理解和包容。普世的对立面是狭隘，即只能理解和欣赏与自己立场相同的观点。持有普世主义价值观的个体，对他人、对其他国家和地区的文化、对不熟悉的事物都抱有尊重和认同之心。本书发现了普世主义与参观习惯和停留时间的正相关关系（$r=0.290, p<0.01; r=0.190, p<0.05$），说明对万事万物抱有普遍尊重的人喜欢逛博物馆，他们是博物馆的"深度游客"。

　　反过来讲，价值认同是个体在后天形成的，个体所偏好的文化活动既体现了当下的文化认同，也不断地塑造着文化认同。因而，相关关系也可以从另一个视角解释，个体由于经常参观博物馆，接触到多元和丰富的文化，他们普世的价值观得到涵养。

　　仁爱主义价值观衡量的是个体对他人和世界抱有的关切之心，与参观习惯有正相关关系（$r=0.189, p<0.05$），说明抱有关切之心的人可能会把博物馆当作观察世界和了解世界的窗口；换言之，参观博物馆越频繁，越可能逐渐培养起这些人对他人和世界的普遍的关心。

　　遵从主义与参观习惯和本次参观时长存在显著负性相关关系。遵从主义强调的是对固有规则、规范或者权威他人的绝对服从，显然这一价值观与包容、创新的观点是背道而驰的。一方面，持有这样价值观的人，很少会频繁地光顾博物馆；另一方面，频繁参观博物馆的人对遵从的价值观念是反对和摒弃的。

　　享乐主义价值观与本次停留在博物馆的时长呈现正相关关系（$r=0.177, p<0.05$），这一发现说明博物馆可能具有满足个体享乐需求的元素，从而使得他们在此久久逗留。

　　安全感这一价值观念指的是个体对于不稳定因素的容忍能力。相关分析发现，个体对安全感的诉求越高，此次在博物馆停留的时间越长。一般来讲，个体对安全感的诉求越高，越会花更多的时间了解和认知环境。博物馆承载了对人类过往生活印记、文化生活的种种记载，是人们了解世界的窗口。对于这一发现潜在的解释是，博物馆是人们阅读世界的参考书，对安全诉求越强的人，越会花更多的时间来阅读这本书，从而更好地理解这个世界。

5.三类参观者在价值认同上的差异

与大五人格的雷达图相似，三类人在十种价值认同上的差异也是普遍存在的。前述的相关分析只突出了在统计意义上具有显著性的维度。而采用类似"潜在剖面分析"（latent profile analysis，LPA）的处理策略（Pastor et al.，2007），则从十个维度上，对每一类参观者做了全面的描摹。

如图5.3所示，三类参观者在"权力""成就""安全感"以外的七个维度上，都表现出了明显的差异，在各个维度上差异的大小也得以清晰地显现。

值得指出的是，与大五人格相比，价值认同主要是通过后天养成的，而大五人格有更多的生理基础，例如有研究发现人格的遗传率可达31%～41%（周明洁等，2016）。因此，有理由推断，人格在一定程度上决定了参观者是不是博物馆的粉丝（人格影响行为），而价值认同则可能是部分地由参观博物馆塑造的（行为影响价值认同）。结合对第一次去博物馆年龄的分析，发现始学龄期是否开始参观博物馆，显著地影响个体后来参观博物馆的频率。或许，在个体尚未形成稳定价值认同的儿童期，参观博物馆这一行为参与了个体价值观的养成过程。

（二）人际互动影响记忆建构

前人的研究描述了结伴前往的参观者会相互交谈。本书设计了四个题目考察参观者本次是否结伴而行，如果是，同行的人跟自己是什么关系，同行者对自身参观过程的影响的方式和程度是怎样的，调查中共询问了三个问题："谈话内容有多大比重是关于展品的""对方在多大程度上影响你对展品的理解""对方在多大程度上影响你的参观体验"。

根据表5.11的数据分析发现，参观者独自造访的占比很低，只占到约3%。超过一半的参观者与朋友结伴而来，约五分之一的参观者与恋人一起，约四分之一的参观者是与家人一起的。

表 5.11　参观者是否与人同行及关系属性

是否与人同行(关系属性)	频数	占比/%
否	6	3.4
是(朋友)	91	51.1
是(恋人)	35	19.7
是(家人)	43	24.2

注：样本＝175(其余缺失)。

　　表 5.12 的结果表明,同行参观者的交谈内容有一半多是关于展品的,探讨的过程共同构成了双方(或多方)对于展品的理解。可以说,与同伴共同探讨展品进而形成认知是"协商解码",至少从结果来看,参观者认为自己受对方多重影响。如果用两个相对独立的圆来表示参观者各自本来的认知,随着探讨的展开,两个圆不断趋近,直到重合的认知达到约 60%。从同行者的关系来看,进入博物馆前后两个阶段,双方认知图景中共享信息、观念和审美的比重变大了。

表 5.12　参观同行者对自身参观过程的影响程度分析

影响内容	均值/%	标准差/%
谈话内容有多大比重是关于展品的	64.64	22.34
对方在多大程度上影响你对展品的理解	57.20	24.74
对方在多大程度上影响你的参观体验	66.01	24.00

注：样本＝178。

　　这种效应在其他的媒介消费中可能不会这么显著。较之于其他媒介内容,例如读书或看电视,参与者之间往往也会相互讨论,影响彼此的理解,但由于媒介文本本身的"客观性"较强、"清晰度"较高,双方互相讨论的空间比较有限。博物馆的文本——展品,文本的模糊性和开放较强,讨论的空间比较大。

　　相比对展品的理解,同行者对参观者自身的参观体验影响更大,从现有的研究结果看,影响程度平均达到六七成。因此,博物馆的参观过程,无论从认知上还是从体验上,都会很大程度地受到同行者的影响。与其他媒介的消费过程相比,博物馆的媒介消费过程,有突出的人际色彩,同伴之间"协商式的解码",共同形成个体对媒介内容的理解和体验。

(三)认知激活、情绪改变与心流产生

1.认知激活

基本的描述统计大体呈现了四种认知成分在参观前后变化的方向与幅度。表5.13中列出了参观者在对应认知成分上变化的全距、均值和标准差。从均值来看,发生正向变化(增多)的包括"活跃的""受启发的""被淹没的";发生负向改变(减少)的是"不确定的"。

图5.4清楚地描绘了四种认知变化的幅度,以"0"值所在的横轴为参考,每一种认知成分的得分与"0轴"的相对位置表示认知变化的幅度;相对于"0轴"的方位(上方和下方)则分别对应的是变化的方向(增多和减少)。

表 5.13　参观博物馆后的认知变化

认知	最小值	最大值	均值	标准差
活跃的	−5.00	5.00	0.670	2.01
受启发的	−3.00	5.00	2.28	1.59
不确定的	−5.00	5.00	−0.32	1.75
被淹没的	−5.00	5.00	0.87	1.75

注:样本=177(其余缺失)。

四种认知成分中,变化幅度最大的是"受启发的",表明大多数参观者参观完博物馆都认为受到了一定程度的启发。博物馆的种类多种多样,藏品浩如烟海,我们很难通过调查问卷捕捉到每位参观者究竟是受到了怎样的启发,但毫无疑问的是,博物馆的确是激发人产生灵感的地方。

"活跃的"或"激活的"(active)认知变化也是相对容易理解的。认知处于活跃状态时,会有更宽的认知广度和更深的认知深度,意味着个体能够处理更多信息,对事物有更强的洞察力。博物馆容纳丰富的文化符号,在视觉、听觉和触觉上给参观者以高频、新鲜的刺激,让人的大脑能从日常相对单调的模式中跳脱出来，获得新的能量。

"不确定的(uncertainty)"和"被淹没的"(overwhelmed)涉及相对复杂的认知心理过程，需要更充分地说明博物馆如何与这两种认知过程相联系。心理学家认为，确定感是人的基本心理需求，但日常生活中感受到的不确定是广泛存在的，而且这种不确定主要是指向自我的(马斯洛,1987)。通常来讲，人们一生都在经历新的经验，时时刻刻都在为周遭发生的事情寻求解释，能够被解释的新经验，会让人对自我、对世界产生掌控感和安全感，并且认为世界是有意义的。当人们感到所经历的事件和情境自己无法完全解释时，不确定感就会产生。不确定感与社会的快速发展有密切的关系，个体在不断变化的环境中可能会对自身命运缺乏把握，往往会驱使个体更多地获取外部信息，增强对环境变化方向的了解。

通常来说，人们应对不确定感的方式除了直接解决引发不确定感的情境，也会采用"文化世界防御"的方式间接地减少不确定感。所谓"文化世界防御"是心理学家范·德·伯斯(Van den Bos)提出的不确定感管理理论(uncertainty management theory)，其核心观点是人们应对日常生活中的不确定感时，会通过增强自己已有的核心价值观念，弥补不确定感引发的认知和心理冲突(Van den Bos,2009;杨庆等,2017)。

人们需要诉诸文化意义来降低不确定感。在过去，神话故事、民间传说等是意义库的来源，帮助我们搭建世界观。相同的是，当个体把自我与过往的人类发展历程放在一起审视，可能会对生命的偶然性、生活中的际遇有新的理解。在现代，报纸、广播、电视等大众媒介充当人们监控环境的窗口。

博物馆也是个体监控环境的窗口，不同的是，大众媒介呈现"新近发生的事件"，并帮助人们建构理解；而博物馆承载的是具有相当历史跨度的事，并帮助人们对这些事件建构理解。

因而，博物馆能增加人们间接经验的厚度，这些经验是意义语料库或参考书，是人们理解世界的参考，并帮助人们获得内心的秩序感，应对不确定感。

"被淹没的"感受既包含消极的成分，也包含积极的成分。最早基于博物馆的参观体验提及"被淹没"，是在探讨博物馆疲劳(museum fatigue)时引出的。博物馆学者认为参观者感受到被淹没的感觉，是由于需要处理的信息大大地超出了现有的认知资源，从这个意义上讲，被淹没的感觉与认知心理学中所说的"信息焦虑"或"信息过载"有重合之处，指的是个体的认知任务高于认知资源，而产生的难以应付的感觉。博物馆尤其是大型博物馆往往陈列着海量的展品，带给参观者"被淹没感"是一件意料之中的事。同时，"被淹没感"也含有积极的成分，可以说是博物馆的魅力所在，也是参观者会多次造访博物馆、每次参观都能产生新体验的原因。辩证地来看，这一感受只是反映了博物馆之于绝大部分参观者而言的真实感受，既是被海量的符号所包围而不知所措，也是被丰富的文化资源所震撼。

进一步，考察在四种认知成分的变化和变化的幅度上，三种类型的参观者是否表现出差异。图5.5直观地描绘出了三类参观者在前三种认知成分的变化幅度上有较为明显的差异。总体而言，过去一年造访博物馆越频繁的参观者，在认知激活、灵感启发和减少不确定感上的收益越大。

这一效应类似于马太效应，即个体、群体或某个地区，当在某个方面取得成功时，会出现累积的优势，从而更容易取得更大的成功。这一理论在经济学和心理学领域有广泛的应用，学者依据特定的问题把这一效应称为"赢家通吃"或"穷者更穷、富者更富"。而在我们的研究里，这种逻辑同样是适用的：平时参观博物馆次数越多，从某一次的参观中获得的认知收益越大；而平时造访博物馆次数越少，获得积极的认知和情绪体验越少。

2.情绪改变

表5.14的描述性统计分析呈现出了所有参观者参观前后情绪变化的全距、均值和标准差。从均值来看，六种消极情绪在参观后都有了不同程度的减少，一种积极情绪有较大幅度的增加。

表 5.14　参观博物馆后的情绪变化

情绪	最小值	最大值	均值	标准差
平静的	−4.00	5.00	1.89	1.66
抑郁的	−5.00	4.00	−1.38	2.22
紧张的	−5.00	2.00	−1.44	1.95
焦虑的	−5.00	5.00	−1.03	2.00
挫败的	−5.00	5.00	−0.89	1.96

续表

情绪	最小值	最大值	均值	标准差
易怒的	−5.00	4.00	−1.15	1.98
沮丧的	−5.00	3.00	−1.18	1.95

注：样本＝177（其余缺失）。

　　图 5.6 描绘了情绪变化的幅度，以"0"值所在的横轴为参考轴，每一种情绪变化的得分相对于"0 轴"的距离表示情绪变化的幅度；相对于"0 轴"的方位（上方和下方）则表示变化的方向（增多和减少）。

　　在所有情绪成分中，除了"平静的"情绪有较大幅度的改变，其他情绪成分的改变幅度相对较小。其中，抑郁和紧张情绪的变化较其他情绪的变化幅度也是较大的。

　　最后一步，考察了在七种情绪成分的变化及其幅度中，在不同类型的参观者中是否存在差异。图 5.7 描绘了三类参观者在所有情绪变化幅度上有较为明显的差异。总体而言，过去一年造访博物馆越频繁的参观者，在此次参观完之后，情绪的收益越大（积极情绪增多，消极情绪减少）。

　　值得一提的是，过去一年中从未参观过博物馆与偶尔参观博物馆的参观者在情绪变化的模式上是基本相似的：两条折线相近，表明两种模式大体上是相互吻合的。

　　而经常造访博物馆的参观者，情绪变化的模式明显区别于其余两种模式，在积极和消极情绪的变化上呈现出了独特性。而这种独特性与认知模式的变化具有内在的一致性，也就是所谓的马太效应：参观博物馆从总体上会带给所有人普遍的益处，即日常的负面情绪得到消解，积极的情绪能够得到提升。然而这种益处并非对所有人都是"公平的"，越常去的人越能从单次的参观活动中受益，而从不参观或偶尔参观博物馆的人，获得的收益是会打折扣的。

　　差异背后的原因可能是多方面的。第一，个体对博物馆的感受力是不同的，这种感受力并不是在某一次的参观中所获得的。感受力的获得可能需要多次参观体验的积累和叠加，在频繁的参观中获得对博物馆的熟悉感，从而更容易从博物馆的展品和空间中感受到积极的影响。初次去博物馆的人对博物馆的空间构造、传播规则和展品陈列等都比较陌生，往往容易走马观花地粗略浏览展品，对于多次造访博物馆的参观者来说，往往更熟悉博物馆的空间结构，以及如何借助多媒体来辅助参观。此外，多次造访博物馆的参观者，比初次的参观者可能更有计划性和目的性。

第二，感受力本身就是一个需要长期培育的能力，参观者对于某一次参观体验的感受力源自此前参观中的"练习"和"培育"。展品本身是不会说话的，但每个人跟它们对话的能力可能是千差万别的，一件展品对于某位参观者而言可能是费解的，而对于另一位参观者就意味深长。感受力的差异决定了参观者从静默的展品中获取的力量和慰藉的能力。

3.心流

心流是人达到忘我境界，内心极度丰盈的状态，创新性思维往往伴随着心流产生(Csikszentmihalyi,2014)。博物馆学学者宋向光(2009)曾翻译过齐克森米哈利关于博物馆的文章，曾谈到，许多在不同领域颇有建树的人在谈及幼年时代对于特定事物萌生兴趣的时候，常常会提到早年参观博物馆的经历。原本玩耍式的造访不经意之间触发了个体对于自然科学、艺术作品的强烈的好奇，在这种欲罢不能的好奇心的驱使下，慢慢养成了参观博物馆的习惯，在展品中自由穿梭，尽情探索，由此为将来的事业埋下了伏笔。

心流体验会使人沉浸在某项活动中，不想停下来。博物馆是给人认知充盈和审美体验的地方，常常能激发心流体验，而伴随着持续的心流，参观者逐渐实现创造力的酝酿和勃发。齐克森米哈利(2014)将心流视为创造力酝酿过程中不可或缺的元素，心流出现的标志之一是高度沉浸而丧失对时间流逝的感知，研究通过对这一现象的测量来衡量心流出现的程度。

在178名参观者中，共有111名参观者报告在一定程度上丧失了时间感，占总样本的65.5%，其中共有50名参观者报告有强烈或十分强烈的"丧失时间感"，共占总作答者的28.1%。

进一步，笔者通过访谈询问参观者，"时间感的丧失"之于他们的具体含义。笔者收取问卷时，选出在该题目上作答为"7"的受访者，即认为参观博物馆的过程出现了非常明显的丧失时间感的体验，笔者请他具体描述了这种感受。

我以为一个半小时就能逛完，租用的语音导览上提示我可以选择完整的、耗时比较久的参观路线，也可以选择精选路线，大概一个半小时就能看完经典的作品。我特意选择了精选路线,随着导览中的指引一路参观过来,中间也会受到特别吸引人的作品的影响,稍微偏移一下规定路线,但没想到参观完第四层的时候已经过去了将近三个小时。我完全不敢相信时间过得如此快。语音导览的讲解很好,完全能满足我对画作的好奇,又不会讲得过于冗长,我在导览的带领下不知不觉地进入一个很舒服的节奏,既不快也不慢,时间就在这样的状态中被偷走了。我现在才感觉到腿有点累,可能是走得太久了。但感觉很开心,凡·高的画特别抚慰人心。(被访者:SLB,2017 年 7 月 31 日)

第五节　本章小结

随着博物馆传播实践的发展,学者们认识到,对参观者的关注需要从更深层次的行为模式和心理需求入手。

从整体上看,参观者有不同的类型;从个体视角来看,参观者在社会经济、动机需求和价值认同等多方面的差异,会影响参观者在博物馆参观过程中的行为方式和参观效果。在与他人互动时,交往过程和各自角色也起到明显的影响。

从记忆内化的角度来看,参观博物馆是集体记忆向个体记忆的内化。经过一系列的采撷、想象与自我建构,博物馆所承载的集体记忆得以在参观者的头脑中激活和个体化。对个体而言,创造力的酝酿与激发需要有相当的知识储备,在博物馆中的非正式学习,是对过往人类文明进程中保存下来的自然记忆、社会记忆与情感记忆的学习和积累,使得参观者在认知方面得到充盈,情绪和情感上得到涵养和活化。此外,参观博物馆本身作为富有趣味、感官享受与智力挑战共存的文化消费活动,往往伴随着"心流"体验,而心流体验与创造力的勃发常常是共同发生的。

通过对阿姆斯特丹博物馆广场 178 位参观者的问卷调查研究,笔者分析了影响参观行为的多重因素,描摹了参观者的心理和行为模式,并从认知充盈、情感活化和心流体验三个角度分析参观者的记忆内化与创造力酝酿的过程。

第六章 结论与反思

第一节 博物馆场域:传播与传承

一、场域:媒介、传播与受众

基于场域理论,本书立足于三个研究问题探讨博物馆传播。第一,媒介的属性决定了场域的属性,博物馆与一般意义上传播研究中的媒介相比,有哪些特殊属性?第二,探讨场域的动力机制问题。在博物馆场域中传播是如何发生的,有哪些特征和模式?第三,参观者是传播的受众,是场域积极的行动主体,他们有哪些行为模式,传播效果又是怎样的?

第一,关于博物馆的媒介属性,笔者通过比较博物馆和一般大众媒介,从时间和空间两个维度分析了博物馆作为媒介的特殊时空属性。

从时间维度上看,博物馆是偏倚时间的媒介,尤其从媒介内容的角度来看,其文本通常有很长的时间跨度,因而是模糊的、断裂的,与现实生活有很强的距离感。

从空间维度上来看,博物馆的本体实质上是一个空间容器,参观博物馆本身是参观者在站立与行走的交替中,建构起立体的、有深度的空间形象体系。这一过程往往伴随着其他参观者在场,他人在场会潜在地影响参观者自身的参观过程。数字与虚拟博物馆的出现重新定义了他人的在场,他人可能通过某种媒介手段与参观者形成实时甚至是延时的泛在。但从一般意义上讲,博物馆的空间是固定的、有限的。

第二,对于博物馆场域的传播过程和模式的分析,回答的是场域如何运作，即场域动力机制的问题。事实上，场域动力机制本质上反映的是人如何感知博物馆，以及博物馆为参观者提供了哪些可供选择的参观方式。具体而言，参观者通过具身认知、空间感知、仪式化的参观和反思，在博物馆营造的场景中形成情境记忆，并以画面的形式储存在脑海中。

具身认知回答了参观者如何以身体为媒介来感知博物馆，这一过程整合了阅读、观看、聆听、触摸，还包括姿势和动作的模拟，经由多个感知通道统觉体验，使参观者生成了具象化、体感化的认知。空间感知分析了参观者如何内在地感知博物馆对某个具体空间的营造，以及外在地把博物馆当作一个整体的文化符号来理解博物馆与城市之间的关系。因而基于博物馆的空间感知是多维度、多层次的。博物馆的展览陈列营造了特殊的氛围感和秩序感，这使得参观者的参观过程呈现出"仪式化"的特点：对于特定信息或知识的获取或许并非传播过程的主要方面，传播过程本身就建构了一个有意义的、可以容纳人类行为的文化世界。参观者进入仪式化的传播过程，特定的秩序得到稳固，特定的价值观得到强化。

从传播模式来看，融合投射性解码的人内传播模式、协商性解码的人际传播模式、基于基础陈列的异时性大众传播模式、针对特定受众和目的的分众传播模式以及沉浸传播共五种模式。

第三，参观者有不同的类型，社会经济、动机需求和价值认同等多方面的差异，会影响博物馆参观过程中的行为模式和参观效果。

从行为模式来看，参观者的受教育水平、首次去博物馆的年龄、人格因素、价值认同以及以往去博物馆的经历都对参观者的行为有显著的影响。参观博物馆作为一种文化消费行为，充分折射出人们的心理需求、价值取向和生活方式。此外，参观博物馆带有鲜明的社交属性，广泛而深入地受到互动和角色的塑造。

就参观效果而言，参观者经过一系列的采撷、想象与自我建构，将集体记忆内化，并通过个体记忆将其激活。通过对过往人类文明进程中保存下来的自然记忆、社会记忆与情感记忆的学习和积累，参观者在认知方面得到充盈，情绪和情感上得到涵养和活化。此外，参观博物馆本身作为富有趣味、感官享受与智力挑战共存的文化消费活动，往往伴随着"心流"体验，个体的创造力得到充分的酝酿。

二、"记忆＋创造力"：场域的传播决定传承

记忆和创造力的内在逻辑与辩证关系契合博物馆传播场域的属性与传播使命。记忆是博物馆传播场域的起点，博物馆开展传播实践，都是为了传播博物馆所承载的人类文明的记忆。

博物馆的时空属性内在地对传播使命提出了挑战。基于媒介属性谈"记忆＋创造力"，探讨的是传播实践如何兼顾媒介的双重属性。在内容上，要通过文本重构，弥合媒介文本的距离感和断裂感。通过创新传播实践，改写原始文本、与其他文本组合、转换文本形式等，使媒介文本变得连贯、清晰和易感知，并与当下生活找到对接的方式。

就空间维度而言，博物馆可以突破固有展馆在地理位置和物理容量上的限制。具体而言，博物馆可以与人们生活空间相融合，主动地走进人们的日常生活，与必要的生活事件建立有机的联系，从而延伸博物馆在空间上的可及性。此外，通过运用多种形态的媒体辅助手段，让虚拟空间里的参观同样具有深度感和立体感，再在传播中融入交互性，使得博物馆的容量在虚拟空间里实现无限化。此外，博物馆空间拓展与特定时间相组合，实现传播的时空共振。

基于动力机制谈"记忆＋创造力"，是分析如何用创造性的手段，让参观者最大限度地生成具象化、体感化的认知，获得多维度多层次的空间感知，并在仪式化的传播过程中感受博物馆特有的秩序、氛围，并尽可能通过场景营造，促进参观者产生情景记忆。

要通过创新的手段刺激多重感官，转变以视觉为主的感官方式为多重感官通道共同参与的统觉体验。将听觉与情感感知、嗅觉与空间感知、姿态动作与情绪模拟的具身认知原理运用到传播过程中。营造场景时，要因地制宜，尽可能诉诸真实与情感，打通物理场景和心理场景，让参观者在场景中感受到"角色代入"与"情感牵动"。就传播模式而言，基础陈列构成记忆的主旋律，临时展（特展）构成记忆的伴奏，通过激发参观者的自我表达（人内传播）与参观者之间的交流与共享（人际传播），利用虚拟现实等技术融入沉浸传播，最终实现用整合的传播模式，最大限度地呈现人类文明的记忆。

　　基于博物馆的特殊属性、传播的过程特征与模式,用富有创造力的实践来重构内容、创新形式、重塑传播过程,以及融合传播模式,从而更好地完成传播,更好地传承文明。

三、从"记忆"到"创造力":场域是发生容器

　　关于"记忆"和"创造力"的内涵与外延,研究在一开始就做了界定。博物馆是人类文明的载具,保存着集体记忆。博物馆的种类决定了记忆范畴,大体上分为自然的记忆、社会的记忆和情感的记忆。参观者进入博物馆,是将集体记忆内化,与已有的个体记忆交融,并最终形成新的个体记忆。从个体记忆的形态来看,既有关于概念的语义记忆,也有基于画面和场景的情景记忆。

　　创造力的内涵和外延更丰富,就博物馆传播场域而言,主要探讨了对记忆文本内容的创造性使用、对形式的创新性发展、对传播实践的创意化重塑,以及个体的创造力酝酿。回到研究的起点——国际博物馆日主题的表述中,创造力对应的英文是"creativity",中英文的表述都涉及与创造(creation)有关的观念和实践,当然,也应该包括创造的结果。思考创造的结果,就要求跳出博物馆的传播场域,转而把博物馆传播场视为过程性的存在,记忆经由传播场域中"人与展品的互动"与"人与人的互动",最终创造出了新的事物。

　　从内容上来说,互动促进新观念的生成。关于自然的记忆启迪技术革新,社会的记忆引导制度革新,情感的记忆激发艺术内容形式的创新。人际互动促进观念交换,加速了新观念的形成。从形态上,互动生产出新的空间形式,重新定义了博物馆空间和城市空间的使用方式;也重新定义了空间的物理和地理属性;与之相关的,对空间形式和使用方式的革新,创造出了新的行为模式。如果说,博物馆内部通过收藏、研究、策展,完成博物馆的专业的、系统化的知识生产,那么整个博物馆的传播场域,完成的是人和社会的集体知识生产。

　　智识生产的过程从来都不是线性的,而是循环往复、相互交织、螺旋上升的过程。一定阶段里智识生产的成果,将成为下一次的输入。随着互动与创新的累积,逐渐聚沙成塔,推动整个社会智识的进步和发展,而这正是博物馆

传播的意义。

从媒介属性到传播过程，再到传播效果，本书线性地探讨了博物馆的传播场域。从传播的偏倚理论入手，提出了博物馆的时空属性；从传播特征和模式入手，探讨了博物馆传播的动力机制；从参观者的心理特征与行为模式入手，研究了场域传播的效果。

将传播场域分解为三个部分是为了对各个部分进行深入探讨，然而场域是一个包含各个部分的整体，将媒介属性、动力机制与传播效果统合起来考虑，博物馆场域传播实际上探讨的是"时空—动力—需求"应该如何最大化耦合的问题。三者强耦合能够促进场域内的信息交换与情感激活，促进集体记忆内化为个体记忆，完成记忆的传承；促进记忆向创造力的转化，推动社会的智识发展。

第二节　反思与延伸

一、理论与实践贡献

本书在理论上的贡献体现在三个方面。

第一，补充了当前研究中所缺失的、对博物馆特殊媒介属性的分析。虽然博物馆的传播研究早已将博物馆界定为媒介，并提出"媒介化"是当前博物馆发展进程中最核心的特征，却从未从媒介本体的角度对其进行属性界定。正如传播学研究始终将媒介形态的特殊性作为探究传播规律的起点，深入分析博物馆的媒介属性是开展博物馆传播研究与实践的前提。

本书从传播偏倚理论视角切入，分析了博物馆作为传播媒介的时空属性。从时间维度来看，博物馆承载记忆与传承文明，是偏倚时间的媒介，媒介文本具有较大时间跨度，文本是模糊的、碎片化的。从空间的维度来看，参观博物馆是建立一套三维的形象体系，过程中伴随大量他人在场，其本身作为城市文化符号，帮助人们重获数字时代逐渐丧失的、对地方独特性的感知。

第二，把前沿的传播理论与创新的博物馆传播实践做整合分析。具体而言,本书探讨了认知传播理论与场景理论在博物馆实践中运用的可能性,并用实际的博物馆案例来论述前沿理论进展在传播实践中的实现路径与指导意义。

第三,本书从社会经济、人格倾向、价值认同、心理需求、行为模式、交往互动和参观效果等多个方面对参观者进行了描摹和分析,并将参观者分类,探讨他们不同的行为模式和参观效果。以此回应了博物馆学学者所呼吁的——对参观者的关注不能停留在表面,应该深入挖掘他们内在的心理和行为模式,从而透彻地理解他们的需求,并在传播实践中探索如何满足需求和引导行为。

实践价值与理论贡献是密不可分的,前者更强调研究发现的可操作性。本书选取了多个国内外博物馆的传播实践作为案例分析,并结合了参与式观察的方法,力求将博物馆的传播实践与参观者的体验整合起来,既呈现出创新传播实践中的实现路径,也提供了受众的视角,对实践做出反馈与评价。

二、研究的不足

选择博物馆传播这一相对宏大的议题,便只能在限定的框架内尝试取一个很小的"切片"来透视。即使做了限定,仍有许多力不从心之处。以下主要从概念、框架选择与取样三个方面来分析。

第一,题目中的三个关键概念"记忆""创造力""场域",都有丰富的内涵与宽泛的外延,特别是布迪厄的场域理论,是灵活性与开放性都很强的构念,三者都属于研究者所说的"触发式概念"——启发性很强,因此很难搞清楚边界。结合博物馆这一研究对象,三个核心词的所指可以有多种解读,但每一种解读都不可避免地带有局限。

例如,博物馆作为一个集合性存在,承载着人类文明进程中的集体记忆,似乎是没有争议的。但具体到不同类型的博物馆,这一说法就不完全适用。欧洲有许多非常小众的博物馆,很难说集体记忆与这些博物馆有什么必然联系。此外,即便不是这些小型的博物馆,很多艺术博物馆,特别是先锋的、抽象艺术博物馆,也很难归属到集体记忆的范畴。因此,本书也从自然的记忆、社会的记忆和情感的记忆,来解读自然科技类、人文历史类与艺术类的博物馆。由于本书的主要目标是分析博物馆传播的共性问题,就没有从博物馆类型的角度再进行区别。

此外,场域视角是本书试图提出的创新性的分析框架。"场域"虽借用自布迪厄的场域理论,但本书中的"场域视角"采用了全然不同的分析维度。尽管如此,本书应该能跳出前人的理论与概念,尝试提出更具有原创性的思考。

第二,从研究框架的选择上,记忆、创造力与传播场域之间的逻辑关系也不是唯一的。博物馆的传播场域可以促使记忆向创造力转化,创造力也可以作用于传播场域,让博物馆承载的记忆更好地传播与传承。这两个研究框架并不是对立的,只是侧重点有所区别。本书选择了后者为分析框架,以期在传播的问题上做聚焦的分析。

第三,对参观者的研究,取样的便利性也带来局限性。开展研究期间笔者在欧洲访学,研究中涉及参观完博物馆之后的效果评价,需要确保参观者在参观后的短时间内填答问卷,才能保证数据的真实性与有效性。出于样本可获取性的考虑,笔者选择了欧洲人群,并设计了英语问卷。研究过程中虽然可能获取一部分中国人样本,又可能引入别的混淆因素。此外,博物馆在欧洲与中国的发展阶段不同,参观者对博物馆的观念、参观博物馆的习惯等都可能存在显著的差异,贸然将两类人群混在一起,也会引起歧义。本书并未涉及中欧参观者的比较分析,综合多重考虑,只获取了欧洲样本。因此,基于当前样本得出的分析结论,只能做有限定的推广。

最后,由于笔者缺乏博物馆的相关实践经验,对博物馆实际的工作和业务认识不足,因此对核心问题的探讨还不够深入。虽然笔者希望通过大量的阅读来弥补,但"纸上得来终觉浅",只有依靠系统的学习和切身实践才能显著地深化对研究问题的分析。

三、延伸与结语

博物馆作为承载记忆、传承文明、维系社会的时间维度,参观者通过对记忆载体的解读,确认共享价值观念、建构集体认同,因而博物馆是社会整合的强大力量。在时空视角的启示下,人们忍不住思考,博物馆作为具有特殊空间属性的媒介,是否蕴含着维系空间的可能。当然,这里的空间不是英尼斯笔下"帝国"的概念，帝国是排他的，而这里所说的空间维系，恰恰是一个"共同体"的概念。

2017年春节伊始，习近平在联合国日内瓦总部发表了题为《共同构建人类命运共同体》演讲，也谈到当今世界冲突不断、充满了不确定性。在探索"世界怎么了、我们怎么办"这个问题时，习近平（2017）认为，首先得弄清楚一个基本的问题："我们从哪里来、现在在哪里、将到哪里去？"

以报纸、广播、电视和互联网为依托的媒体，在回答我们"现在在哪里"这个问题上，是非常积极的，然而，这些答案强调"冲突"多于"合作"，强调"分歧"多于"共识"，强调"竞争"多于"共赢"。在《大英博物馆世界简史》中，馆长麦格雷戈（2014）反复提及这样一种观点：

> 不论是广播还是电视里的新闻，都很容易让我们觉得，世界上有很多敌对与相互竞争的文明。因此我们非常有必要提醒自己，人类的共性不仅仅是一种启蒙式的梦想，而且在基因和文化上也都是事实。

关于"我们从哪里来"这个问题，博物馆作为承载社会记忆的媒介，无疑是最有发言权的。著名史学家亨德里克·威廉·房龙在《人类的故事》当中说过，历史是"时光老人"在过去年代的无数领域中构建起来的"经验之塔"，要爬上一座古老的建筑的顶端来窥视人类文明世界的全貌绝非一件容易的事，而博物馆就是打开经验之塔那扇门的钥匙（房龙等，2004）。

走进博物馆便打开了不同文明经验之塔的大门。只有相互理解才能相互借鉴；只有理解不同文明的内核，才能真正把握分歧与冲突的根源，选择正确的沟通与协作方式。

世界上数万座博物馆，已为人类建构了多重维度和多种价值的文化参照，构成文明对话的基础，是相互借鉴的文明传播场域。在未来，博物馆应该成为全世界所有文化与文明的共享空间，参观者在对文化的注视和记忆中相遇、碰撞，各种文明在其中能充分展示自身的异质性，甚至是不协调性，在这个过程相互联系、共同存活。

参考文献

阿斯曼,2015.文化记忆[M].金寿福,黄晓晨,译.北京:北京大学出版社.

包东波,2012.大众传播视角下的博物馆功能初探[J].中国博物馆(1):14-19.

卞冬磊,2010.再论媒介时间:电子媒介时间观之存在、影响与反思[J].新闻与传播研究(1):50-55.

博物馆:记忆与创造力[N].中国文物报,2013-11-02.

布迪厄,1998.实践与反思:反思社会学导引[M].李猛,李康,译.北京:中央编译出版社.

布迪厄,2001.艺术的法则[M].刘晖,译.北京:中央编译出版社.

布迪厄,2015.区分:判断力的社会批判[M].北京:商务印书馆.

本雅明,2006.机械复制时代的艺术作品:在文化工业时代哀悼"灵光"消逝[M].李伟,等译.重庆:重庆出版社.

陈晶,史占彪,张建新,2007.共情概念的演变[J].中国临床心理学杂志(6):664-667.

陈力丹,陈俊妮,2010.论人内传播[J].当代传播(汉文版)(1):9-13.

陈薇,2007.分众传播与专业化[J].东南传播(1):61-62.

陈晞,2005.博物馆传播中符号编译和控制[J].中国博物馆(4):27-35.

陈曦,2017.打破文物与人的距离——浅谈智慧博物馆与文化的传播[J].博物馆研究(3):45-50.

丁宁,2005.图像缤纷:视觉艺术的文化维度[M].北京:中国人民大学出版社.

董璐,2008.传播学核心理论与概念[M].北京:北京大学出版社.

董艳娟,2006.记忆分类的相关特征[J].中国组织工程研究(22):122-124.

段小虎,张梅,熊伟,2013.重构图书馆空间的认知体系[J].图书与情报(5):35-38.

段义孚,潘桂成,1998.经验透视中的空间和地方[M].台北:编译馆.

朵琳,2017.陌生人、客人还是顾客：博物馆中的观众体验[J].尹凯,王思怡,译.科学教育与博物馆(1):59-66.

房龙,刘海,2004.人类的故事[M].刘海,译.北京:生活·读书·新知三联书店.

付蓉,2014.陈列艺术的情感表达——以柏林犹太人博物馆及三星堆博物馆为例[J].中国博物馆(1):82-87.

傅翼,2020.父母元认知知识对科学博物馆里的亲子互动的影响[M]//严建强,主编.在博物馆学习:博物馆展览中的认知与传播.杭州:浙江大学出版社.

盖特雷恩,2011.与艺术相伴[M].王滢,译.北京:世界图书北京出版公司.

高盛楠,2017."五W传播模式"理论下的电子科技博物馆陈列展览初探[J].科技传播(16):86-88.

高薇华,刘姣,韩潇,2015."沉浸式"全息数字博物馆应用展望[J].文化学刊(10):153-155.

顾季青,2014.临时展览对现代博物馆发展的意义[J].科技致富向导(20):134-134.

郭庆科,孟庆茂,2003.罗夏墨迹测验在西方的发展历史与研究现状[J].心理科学进展,11(3):334-338.

郭世文,2020.五感体验的展示手法如何影响民众的理解与认知——以"森林与我"特展为例[M]//严建强,主编.在博物馆学习:博物馆展览中的认知与传播.杭州:浙江大学出版社.

哈布瓦赫,2002.论集体记忆[M].毕然,郭金华,译.上海:上海人民出版社.

赫根汉,1986.人格心理学导论[M].陈会昌,等译.海口:海南人民出版社.

赫尔曼,2002.新叙事学[M].马海良,译.北京:北京大学出版社.

洪治纲,2012.集体记忆的重构与现代性的反思——以《南京大屠杀》《金陵十三钗》和《南京安魂曲》为例[J].中国现代文学研究丛刊(10):26-36.

胡凯云,2017.博物馆观众:积极发言的行动者——2017"浙江大学博物馆认知与传播国际学术研讨会"侧记[J].东南文化(3):122-126.

黄继刚,2009.爱德华·索雅的空间文化理论研究[D].济南:山东大学.

黄希庭,郑涌,2015.心理学导论[M].北京:人民教育出版社.

黄先伟,何成森,2010.自传体记忆与相关记忆的概念辨析[J].湖北成人教育学院学报(3):6-7.

黄晓晨,2014.个体的知识与集体的记忆——从欧洲犹太人大屠杀纪念馆说起[J].德语人文研究(1):40-43.

黄洋,2012.博物馆信息传播模式探讨[J].博物馆研究(2):3-7.

黄洋,2016.博物馆:联系"物"与"人"的桥梁——《博物馆基础》评介[J].中国博物馆(2):125-126.

黄洋,2017.博物馆信息传播模式述评[J].博物院(3):49-57.

江海静,2016.博物馆信息传播活动研究[D].南京:南京师范大学.

凯瑞,2005.作为文化的传播[M].丁未,译.北京:华夏出版社.

康恩,2012.博物馆与美国的智识生活[M].王宇田,译.上海:上海三联书店.

克利福德,2011.中国博物馆手册[M].黄静雅,译.南京:译林出版社.

李彬,关琮严,2012.空间媒介化与媒介空间化——论媒介进化及其研究的空间转向[J].国际新闻界(5):38-42.

李冰,刘蓉,2015.试论体验式的消费空间——从知觉现象学角度看台湾"诚品书店"[J].消费导刊(12):20-20,23.

李金铨,2014.传播研究的典范与认同[J].书城(2):51-63.

李宁,等,2007.消失的场景——云南禄丰恐龙遗址博物馆设计[J].建筑学报(9):59-61.

李沁,2013.沉浸传播的形态特征研究[J].现代传播:中国传媒大学学报(2):116-119.

李沁,2015.泛在时代的"传播的偏向"及其文明特征[J].国际新闻界(5):6-22.

李沁,2017.沉浸媒介:重新定义媒介概念的内涵和外延[J].国际新闻界(8):115-139.

李秀娜,2016.博物馆传播及其议程设置功能[J].中国博物馆(3):58-63.

李泽厚,2009.美的历程[M].北京:生活·读书·新知三联书店.

刘聪慧,等,2009.共情的相关理论评述及动态模型探新[J].心理科学进展(5):964-972.

刘迪,2017.规训、惯习与认知语境:论博物馆媒介场域与观众认知间的关系

[J].文化与传播(5):1-6.

刘海龙,2005.当代媒介场研究导论[J].国际新闻界(2):55-61.

刘惠芬,2011.博物馆文化的网络传播——荷兰博物馆考察与研究[J].南京邮电大学学报(社会科学版)(1):16-19.

刘榴,2017.基于传播学理论的博物馆微博内容分析及应用研究——以安徽博物院微博为例[J].中国博物馆(4):70-76.

刘欣,2016.受众反馈:博物馆观众研究的重要课题[J].中国博物馆(4):92-97.

刘岩,刘静,王敏楠,2016.心理时间旅行与自我:发展中关系模式的转换[J].心理发展与教育(1):17-25.

芦敏,2013.中国茶叶博物馆在茶文化传播中的作用[J].农业考古(5),262-265.

吕睿,2010.传媒时代博物馆的信息传播研究——以地方综合性博物馆为例[D].重庆:重庆大学.

罗力莹,2017.开放、透明与自由——巴西圣保罗艺术博物馆解读[J].中外建筑(3):43-47.

马斯洛,1987.人的潜能和价值[M].张积模,译.北京:华夏出版社.

麦格雷戈,2014.大英博物馆世界简史[M].余燕,译.北京:新星出版社.

麦克卢汉,2011.理解媒介[M].何道宽,译.南京:译林出版社.

梅洛-庞蒂,2001.知觉现象学[M].姜志辉,译.北京:商务印书馆.

苗岭,周东梅,2016.美国新闻博物馆新媒体展厅的实验及启示——兼论新媒体技术在社交媒体时代新闻传播中的应用[J].中国记者(5):122-123.

闵冬潮,2008."流动的空间"与"消失的地域"——反思全球化过程中的空间与地域的想像[J].上海大学学报(社会科学版)(4):142-148.

尼葛洛庞帝,1997.数字化生存[M].第3版.胡泳,范海燕,译.海口:海南出版社.

诺拉,2015.记忆之场[M].黄艳红,等译.南京:南京大学出版社.

欧阳宏生,朱婧雯,2015.论认知传播学科的学理建构[J].现代传播:中国传媒大学学报(2):34-40.

欧阳宏生,朱婧雯,2016.意义·范式与建构——认知传播学研究的几个关键问题[J].现代传播:中国传媒大学学报(9):14-20.

佩文,约翰,2003.人格手册:理论与研究[M].黄希庭,译.上海:华东师范大学
　　出版社.

彭兰,2015.场景:移动时代媒体的新要素[J].新闻记者(3):20-27.

邵培仁,王昀,2016.认知传播学的研究路径与发展策略[J].编辑之友(9):
　　14-19.

单霁翔,2011.从"馆舍天地"走向"大千世界":关于广义博物馆的思考[M].天
　　津:天津大学出版社.

单霁翔,2013.试论博物馆陈列展览的丰富性与实效性[J].南方文物(4):1-8.

沈忱,2018.博物馆展示空间设计中多媒体交互方式的有效性应用研究[J].艺
　　术教育(5):148-149.

沈辛成,2017.纽约无人是客:一本 37.5℃ 的博物馆地图[J].收藏与投资
　　(7):159.

沈毅,2013.迈向"场域"脉络下的本土"关系"理论探析[J].社会学研究(4):
　　203-228.

史安斌,2004."边界写作"与"第三空间"的构建:扎西达娃和拉什迪的跨文化
　　"对话"[J].民族文学研究(3):5-11.

斯考伯,伊斯雷尔,2014.即将到来的场景时代[M].赵乾坤,周宝曜,译.北京:
　　北京联合出版公司.

宋向光,2009.物与识:当代中国博物馆理论与实践辨析[M].北京:科学出
　　版社.

宋向光,2015.互联网思维与当代公共博物馆发展[J].中国博物馆(2):42-46.

宋秀葵,2014.段义孚的地方空间思想研究[J].人文地理(4):19-23.

苏东海,2003.融入社会 服务社会——世界博物馆的大发展及其走向[J].求
　　是(15):60-61.

苏贾,2005.第三空间:去往洛杉矶和其他真实和想象地方的旅程[M].陆扬,
　　等译.上海:上海教育出版社.

孙健,2016.新媒体时代的传播偏向探析[J].编辑之友(5):70-72.

特里,克拉克,李鹭,2017.场景理论的概念与分析:多国研究对中国的启示
　　[J].东岳论丛(1):16-24.

王国彬,黄韬,2018."具身认知"语境下的纪念馆展陈设计研究[J].艺术工作(2):103-104.

王健,等,2016.地方感何以可能——兼评段义孚 *Space and Place:The Perspectives of Experience* 一书[J].民族学刊(5):15-20.

王璐,2014.以上海鲁迅纪念馆为例看一体化宣传向多元化传播转变[J].上海鲁迅研究(3):252-267.

王明珂,2006.华夏边缘:历史记忆与族群认同[M].北京:社会科学文献出版社.

王思怡,2016a.博物馆之脑:具身认知在多感官美学感知中的理论与应用[J].博物馆研究(4):12-22.

王思怡,2016b.博物馆作为感官场域——从多感官博物馆中的嗅觉说起[J].中国博物馆(4):26-33.

王思怡,2017a.博物馆观众研究的发展与实践——以湖州博物馆《吴兴赋》观众调查为例[J].科普研究(1):48-58.

王思怡,2017b.多感官在博物馆展览中的认知评述和传播效果探析——以台州博物馆民俗展厅"海滨之民"多感官展项为例[J].科普研究(3):46-57,73.

王映学,寇冬泉,张大均,2007.创造力的心理学研究进展与研究取向[J].心理科学(2):489-491.

魏文静,2016.论数字媒体环境下的交互艺术对传统文化的传播——以故宫博物馆为例[J].艺术科技(8):119.

习近平,2017.共同构建人类命运共同体——在联合国日内瓦总部的演讲[J].中国农业会计(2):60-62.

熊澄宇,2004.从大众传播到分众传播[J].瞭望(2):61.

徐雪芬,辛涛,2013.创造力测量的研究取向和新进展[J].清华大学教育研究(1):54-63.

徐雁华,2012.传播技术学派先驱哈罗德·伊尼斯传播思想研究[D].上海:上海大学.

许捷,2017.空间形态下叙事展览的构建[J].博物院(3):41-48.

闫小斌,王震,2016.图书馆关于空间研究的转向[J].情报探索(11):114-119.

严建强,2009.论博物馆的传播与学习[J].东南文化(6):100-105.

严建强,2016.博物馆媒介化:目标、途径与方法[J].自然科学博物馆研究(3):
　　5-15.

严建强,2017.在博物馆里学习:博物馆观众认知特征及传播策略初探[J].东
　　南文化(4):93-101.

严建强,2020.作为公共媒体的博物馆——博物馆观众认知特征及传播策略
　　初探[M].//严建强,主编.在博物馆学习:博物馆展览中的认知与传播.
　　杭州:浙江大学出版社.

燕海鸣,2013.博物馆与集体记忆——知识、认同、话语[J].中国博物馆(3):
　　14-18.

杨庆,等,2017.自我不确定感:内涵、结构和理论[J].心理科学进展(6):
　　1012-1024.

杨扬,2007.空间、仪式与社会记忆——以侵华日军南京大屠杀遇难同胞纪念
　　馆为中心的考察[D].南京:南京师范大学.

姚远,2017.博物馆场域下的艺术传播与仪式表征[J].南京艺术学院学报(美
　　术与设计)(4):109-116.

尹凯,2015.博物馆教育的反思——诞生、发展、演变及前景[J].中国博物馆
　　(2):1-11.

尹凯,2017."从物到人":一种博物馆观念的反思[J].博物院(5):6-11.

英尼斯,2003.传播的偏向[M].何道宽,译.北京:中国人民大学出版社.

于淼,2015.以观众为中心的博物馆展示与传播研究——兼谈湖北省博物馆
　　的实践与探索[J].中国博物馆(2):97-102.

余永永,2017.从文化艺术角度探究人体感官对人类意识的影响[J].传播力研
　　究(10):17-18.

喻国明,2018.认知神经传播学:范式创新与研究框架[J].浙江传媒学院学报
　　(1):9-13,140.

袁艳,2006.传播学研究的空间想象力[J].新闻与传播研究(1):45-50.

曾峥,2013.贝聿铭:让光线来做设计[J].中国西部(13),102-115.

詹明信,2013.晚期资本主义的文化逻辑[M].北京:生活·读书·新知三联书店.

张斌,2016.场域理论与媒介研究——一个新研究范式的学术史考察[J].新闻

与传播研究(12)：38-52.

张方敏,2015.仪式传播场域论纲——对传播仪式观研究支点的探索[J].当代传播(5)：18-20.

张庆林,2002.创造性研究手册[M].成都：四川教育出版社.

张芸,2004.对创造性思维的探索[M].北京：中央民族大学.

张子康,罗怡,李海若,2011.文化造城：当代博物馆与文化创意产业及城市发展[M].桂林：广西师范大学出版社.

赵莉,黄乐,2012.浅析当代博物馆的声音展示——以鹿特丹海事博物馆和鹿特丹历史博物馆为例[J].东南文化(6)：108-113.

郑日昌,李占宏,2006.共情研究的历史与现状[J].中国心理卫生杂志(4)：277-279.

周婧景,严建强,2016.阐释系统：一种强化博物馆展览传播效应的新探索[J].东南文化(2)：119-126.

周婧景,2017.具身认知理论：深化博物馆展览阐释的新探索——以美国9·11国家纪念博物馆为例[J].东南文化(2)：109-114.

周婧景,2020.儿童展览阐释的表达方式及其思路动机探析[M]//严建强,主编.在博物馆学习：博物馆展览中的认知与传播.杭州：浙江大学出版社.

周明洁,等,2016.人格有多少是遗传的：已有的证据与未来的取向[J].科学通报(9)：952.

周明洁,张建新,2008.心理学研究方法中"质"与"量"的整合[J].心理科学进展(1)：163-168.

周雯,冯果,2012.嗅知觉及其与情绪系统的交互[J].心理科学进展(1)：2-9.

周玉,张丹丹,2017.婴儿情绪与社会认知相关的听觉加工[J].心理科学进展(1)：67-75.

朱光潜,1979.西方美学史[M].第2版.北京：人民文学出版社.

朱国华,2004.艺术博物馆：虚假的文化承诺——布迪厄《艺术之恋》阅读笔记[J].民族艺术(3)：88-91.

Barrett M，2011. Science，Magic and Religion：The Ritual Processes of Museum Magic（Review）[J]. Africa the Journal of the International African Institute,81(6)：1-10.

Blumler J G, Katz E, 1974. The Uses of Mass Communications: Current Perspectives on Gratifications Research[M]. CA: Beverly Hills.

Bos K V D, 2009. Making Sense of Life: The Existential Self Trying to Deal with Personal Uncertainty[J]. Psychological Inquiry, 20(4): 197-217.

Bourdieu P, Darbel A, Schnapper D, 1990. The Love of Art: European Art Museums and Their Public[M]. Stanford: Stanford University Press.

Callaway C, Stock O, Dekoven E, 2014. Experiments with Mobile Drama in an Instrumented Museum for Inducing Conversation in Small Groups [J]. Acm Transactions on Interactive Intelligent Systems, 4(1): 1-39.

Celli C F, Balconi M, Leanza F, 2016. Effects of Personality Traits During the Exploration of Museum Spaces: Cerebral (EEG) and Autonomic (Biofeedback) Responses[J]. Neuropsychological Trends, 20: 67-68.

Christidou D, Diamantopoulou S, 2016. The Choreography of the Museum Experience: Visitors' Designs for Learning[J]. The International Journal of Arts Education, 11(3): 1-13.

Christidou D, Sophia D, 2016. Seeing and Being Seen: The Multimodality of Museum Spectatorship[J]. Museum & Society, 14(1): 12.

Cone C A, Kendall K, 1978. Space, Time, and Family Interaction: Visitor Behavior at the Science Museum of Minnesota[J]. Curator the Museum Journal, 21(3): 245-258.

Csikszentmihalyi M, 2014. Flow: The Psychology of Optimal Experience [M]. New York: Harper & Row.

Davidov E, Schmidt P, Schwartz S H, 2008. Bringing Values Back in: The Adequacy of the European Social Survey to Measure Values in 20 Countries[J]. Public Opinion Quarterly, 72(3): 420-445.

Di Dio C, Macaluso E, Rizzolatti G, 2007. The Golden Beauty: Brain Response to Classical and Renaissance Sculptures[J]. PLOS ONE, 2(11): e1201.

Duncan C, 1995. The Art Museum as Ritual[J]. Art Bulletin, 77: 10-13.

Eisenberg N, Strayer J, 1987. Critical Issues in the Study of Empathy[M]// Eisenberg N, Strayer J(eds.). Empathy and Its Development. Cambridge:

Cambridge University Press.

Falk J H, 2009. Identity and the Museum Visitor Experience[M]. New York: Routledge.

Falk J H, et al. , 2010. Interactives and Visitor Learning[J]. Curator the Museum Journal, 47(2): 171-198.

Falk J H, Dierking L D, 2013. The Museum Experience Revised[M]. New York: Routledge.

Florida R, 2002. The Rise of the Creative Class [J]. The Washington Monthly, 34(5): 15-25.

Fraser J W, 2004. Museums, Drama, Ritual and Power a Theory of the Museum Experience[D]. Leicester: University of Leicester.

Fredrickson B L, Branigan C, 2005. Positive Emotions Broaden the Scope of Attention and Thought-Action Repertoires[J]. Cognition & Emotion, 19 (3): 313-332.

Freedberg D, Gallese V, 2007. Motion, Emotion and Empathy in Esthetic Experience[J]. Trends in Cognitive Sciences, 11(5): 197-203.

Gilman B I, 1916. Museum Fatigue[J]. Scientific Monthly, 2(1): 62-74.

Goode G B, 1891. The Museums of the Future [M]. Washington, DC: Government Printing Office.

Gosling S D, Rentfrow P J, Jr W B S, 2003. A Very Brief Measure of the Big-Five Personality Domains[J]. Journal of Research in Personality, 37(6): 504-528.

Graf H, et al. , 2015. A Contextualized Educational Museum Experience Connecting Objects, Places and Themes Through Mobile Virtual Museums[C]. 2015 Digital Heritage. IEEE, 1: 337-340.

Guilford J P, 1950. Creativity[J]. American Psychologist, 5(9): 444-454.

Hodge R, D'Souza W, Rivière G H, 1979. The Museum as a Communicator: A Semiotic Analysis of the Western Australian Museum Aboriginal Gallery, Perth[J]. Museum International, 31(4): 251-267.

Jorgensen B S, Stedman R C, 2001. Sense of Place as an Attitude: Lakeshore

Owners Attitudes toward Their Properties[J]. Journal of Environmental Psychology,21(3):233-248.

Kidd J, 2014. Museums in the New Mediascape [M]. London: Ashgate Publish Company.

Kortbek K J,2008. Interactive Spatial Multimedia for Communication of Art in the Physical Museum Space [C]. Proceedings of the 16th ACM International Conference on Multimedia.

Leiberich, et al. , 2006. Body Worlds Exhibition-Visitor Attitudes and Emotions[J]. Annals of Anatomy-Anatomischer Anzeiger, 188 (6): 567-573.

Levent N, Pascual-Leone A, 2014. The Multisensory Museum: Cross-Disciplinary Perspectives on Touch, Sound, Smell, Memory, and Space [M]. Lanham:Rowman & Littlefield.

Meyrowitz J,1985. No Sense of Place: The Impact of Electronic Media on Social Behavior[M]. Oxford:Oxford University Press.

Oldenberg R,1999. The Great Good Place:Cafes,Coffee Shops,Bookstores, Bars,Hair Salons,and Other Hangouts at the Heart of a Community [M]. New York:Marlowe & Company.

Pastor, et al. , 2007. A Latent Profile Analysis of College Students' Achievement Goal Orientation[J]. Contemporary Educational Psychology, 32(1):8-47.

Pierroux P, 2003. Communicating Art in Museums:Language Concepts in Art Education[J]. Journal of Museum Education,28(1):3-7.

Pierroux P, 2010. Guiding Meaning on Guided Tours [M]. New York: Hampton Press.

Slonim T,2012. Book Review:"Looking for Spinoza:Joy, Sorrow, and the Feeling Brain" [J]. Philosophy and Group Psychotherapy, 36 (2): 163-167.

Steier R, Pierroux P, Krange I, 2015. Embodied Interpretation: Gesture, Social Interaction, and Eaning Making in a National Art Museum[J].

Learning Culture and Social Interaction,7(2):28-42.

Sternberg R J, Lubart T I, 1993. Investing in Creativity[J]. Psychological Inquiry,4(3):229-232.

Sternberg R J, Lubart T I, 1999. The Concept of Creativity: Prospects and Paradigms[J]. Handbook of Creativity:3-15.

Tajfel H, 2010. Some Developments in European Social Psychology[J]. European Journal of Social Psychology,2(3):307-321.

Tan E,et al. ,2008. Learning and Entertainment in Museums:A Case Study [M]//Ludes P. Convergence and Fragmentation:Media Technology and the Information Society. Bristol:Intellect Ltd.

Tate N B,Bollwerk E A,Tate N B,2014. Museums as Third Places or What? Accessing the Social Without Reservations[J]. Museums and Social Issues,7(2):269-283.

Tuan Y F, 1978. Space and Place: The Perspective of Experience[M]. Minnesota:University of Minnesota Press.

Van Dijck J,2009. Users Like You? Theorizing Agency in User-Generated Content[J]. Media,Culture and Society,31(1):41-58.

Watson D,Clark L A,Tellegen A,1988. Development and Validation of Brief Measures of Positive and Negative Affect:The PANAS Scales[J]. Journal of Personality and Social Psychology,54(6):1063-1070.

White H C,1995. Where Do Languages Come From? -Switching Talk[D]. New York:Columbia University.

Zakakis N, Bantimaroudis P, Zyglidopoulos S, 2015. Museum Promotion and Cultural Salience:The Agenda of the Athenian Acropolis Museum[J]. Museum Management & Curatorship,30(4):342-358.

附录 A 插 图

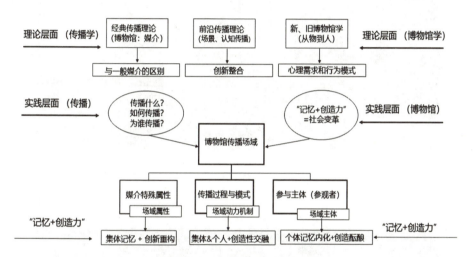

图 2.1 研究逻辑与框架

图 3.1 皿方罍

图 3.2　维多利亚和阿尔伯特博物馆"欧洲服饰发展史"展厅

图 3.3　2015 年亚历山大·麦昆"野性之美"的展览

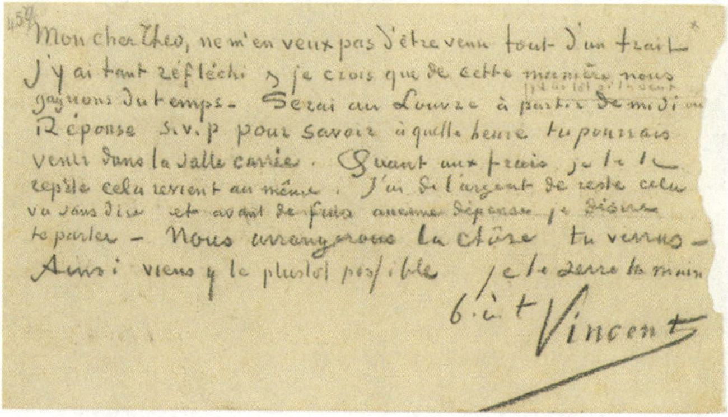
459
Mon cher Theo, ne m'en veux pas d'être venu tout d'un trait
J'y ai tant réfléchi & je crois que de cette manière nous
gagnons du temps - Serai au Louvre à partir de midi ou plus tôt si tu veux
Réponse s.v.p pour savoir à quelle heure tu pourrais
venir dans la salle carrée. Quant aux frais je te le
repète cela revient au même. J'ai de l'argent de reste cela
va sans dire et avant de faire aucune dépense je désire
te parler - Nous arrangerons la chose tu verras -
Ainsi viens y le plustôt possible je te serre la main
t à t Vincent

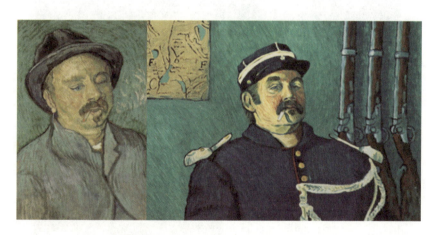

图 3.4　凡·高博物馆中凡·高与弟弟往来书信的原件照片

资料来源：https://www.vangoghmuseum.nl/en/stories/gauguin-and-laval-in-martinique#1。

图 3.5　凡·高博物馆原作人物与《挚爱凡·高》电影中对应原型 1

图 3.6　凡·高博物馆原作人物与《挚爱凡·高》电影中对应原型 2

图 3.7　谷歌艺术与文化 App 应用首页及观展页面示例

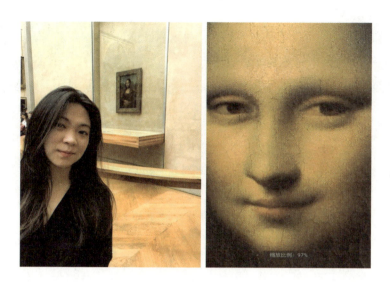

图 3.8　在卢浮宫与用谷歌艺术与文化 App 欣赏《蒙娜丽莎》的距离对比

图 3.9　"D-ART"数字艺术亭

图 3.10 国家博物馆展出的狗形鬶

资料来源：http://www. chnmuseum. cn/tabid/438/InfoID/114340/frtid/273/Default. aspxhttp://：ww. dpm. org. cn/collection/jade/246365. html? hl＝％E7％8B％97。

图 3.11 故宫博物院"绿色海棠菊纹缎狗衣"

资料来源：http://www. dpm. org. cn/collection/embroider/246407. html? hl＝％E7％8B％97％E8％A1％A3。

图 4.1 你的博物馆(The museum of you)

资料来源:https://www. ted. com/talks/jake_barton_the_museum _of_you。

图 4.2 罗夏墨迹测验

资料来源:https://baike. baidu. com/item/％E7％BD％97％E5％A4％ 8F％E5％A2％A8％E8％BF％B9％E6％B5％8B％E9％AA％8C/689841? fr ＝aladdin。

图 4.3   抽象图画的解码

图 4.4   参观者之间关注点的相互影响

图 4.5 "重建"展厅的空间构造与虚实感知

图 4.6 "铭记"展厅,展板上滚动播放亲历者录音字幕营造共在与泛在
资料来源:https://www.ted.com/talks/jake_barton_the_museum_
of_you。

图 4.7　孙羊店入口处与店小二

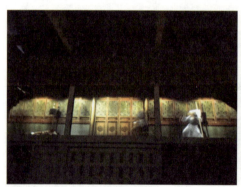

图 4.8　全息影像与真人表演结合,重现孙羊店里的热闹景象

传送 ⟶ 分享
线性的 ⟶ 循环的
一个发送者，一个（种）接受者 ⟶ 共同创造
单向 ⟶ 多向
一个故事 ⟶ 多重故事
倾听 ⟶ 对话
技能互动 ⟶ 情感互动
智知排他性 ⟶ 或许是社交排他性

图 5.1　博物馆传播模式变迁

资料来源:参见日米尔·科努普在博物馆认知与传播国际研讨会上的主旨报告《参与式展览实践》。

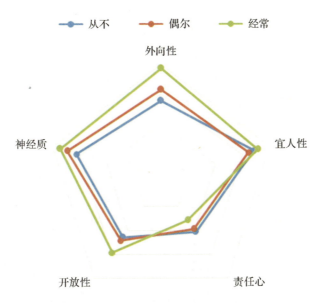

图 5.2 三类参观者在大五人格上的差异

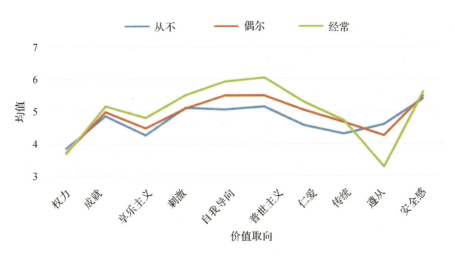

图 5.3 三类参观者在社会价值观认同上的差异

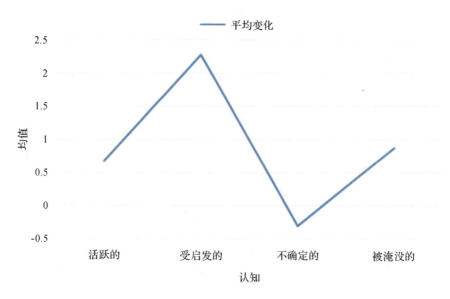

图 5.4 参观者参观博物馆前后认知平均变化水平

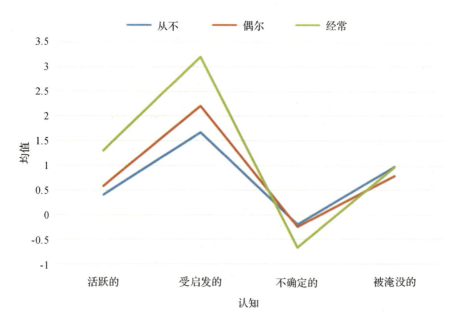

图 5.5 三类参观者参观博物馆前后认知平均变化水平差异

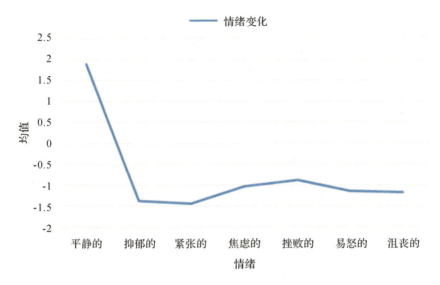

图 5.6 参观者参观博物馆前后平均情绪变化

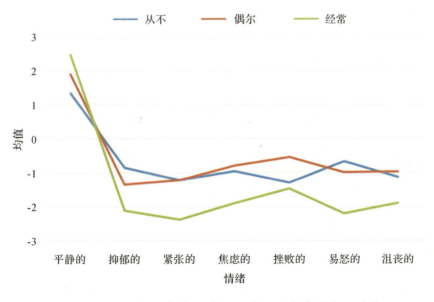

图 5.7 三类参观者参观博物馆前后平均情绪变化差异

附录 B 调查问卷

Survey on Musuem Experience(英文版)

Please respond to the following statements truthfully and accuately as you can, and also please remember that these are very subjective questions and there are no right or wrong answers. All the information are de-idendified and only used for academic research.

As limilated by research fund, I can only provide the pen as the gift.

Thank you for your help!

1. Gender ①male ②female

2. Age _____

3. Highest diploma

①no diploma ②primary school ③secondary school ④high school
⑤university

4. Nationality

① Netherlands ② other European countries ③ Non-European
countries

5. Are you a tourist?

①yes ②no

6. How many times have you visited musuem in the past one year?

①never ②1~2 times ③3~5 times ④5~8 times ⑤more than
8 times

7. How long did you stay in musuem today ?

①less than 0.5 hour　②0.5~1 hours　③1~1.5 hours　④1.5~2 hours　⑤2~2.5 hours　⑥more than 2.5 hours

8. How old were you when you vistied museum the first time?

_____ years old.

Did you go with your parents?　①yes　② no

9. Choose your TOP 2 motivations of visiting museum?

①learn　②social　③relax　④educate kids　⑤sightseeing

10. Indicate what kind of person you are according to descriptions below.

I am someone who	Totally disagree	disagree	Mostly disagree	Neither agree, nor disagree	Mostly agree	agree	Totally agree
wants to stay on the background	1	2	3	4	5	6	7
is sociable	1	2	3	4	5	6	7
easily trusts others	1	2	3	4	5	6	7
easily puts the blame on others	1	2	3	4	5	6	7
can be lazy	1	2	3	4	5	6	7
works thoroughly	1	2	3	4	5	6	7
has little artistic interests	1	2	3	4	5	6	7
gets nervous easily	1	2	3	4	5	6	7
is relaxed, handles stress well	1	2	3	4	5	6	7
has a vivid imagination	1	2	3	4	5	6	7

11. Who did you come with today?

①friends ②romantic partner ③family ④alone（skip the following three questions）

To what extent did your companion... (evaluated by percentage)										
talk with you about the display	10%	20%	30%	40%	50%	60%	70%	80%	90%	100%
affect your understanding of the display	10%	20%	30%	40%	50%	60%	70%	80%	90%	100%
affect your experience of visiting museums	10%	20%	30%	40%	50%	60%	70%	80%	90%	100%

12. Evaluate your EMOTION/CONGNITION CHANGE after museum visiting?

A lot less ⟶ A little bit less					peaceful	A little bit more ⟶ A lot more				
−5	−4	−3	−2	−1	not change	1	2	3	4	5

A lot less ⟶ A little bit less					depressed	A little bit more ⟶ A lot more				
−5	−4	−3	−2	−1	not change	1	2	3	4	5

A lot less ⟶ A little bit less					inspired	A little bit more ⟶ A lot more				
−5	−4	−3	−2	−1	not change	1	2	3	4	5

A lot less ⟶ A little bit less					nervous	A little bit more ⟶ A lot more				
−5	−4	−3	−2	−1	not change	1	2	3	4	5

A lot less ——→A little bit less					anxious	A little bit more ——→A lot more				
−5	−4	−3	−2	−1	not change	1	2	3	4	5

A lot less ——→A little bit less					active	A little bit more ——→A lot more				
−5	−4	−3	−2	−1	not change	1	2	3	4	5

A lot less ——→A little bit less					uncertainty	A little bit more ——→A lot more				
−5	−4	−3	−2	−1	not change	1	2	3	4	5

A lot less ——→A little bit less					overwhelmed	A little bit more ——→A lot more				
−5	−4	−3	−2	−1	not change	1	2	3	4	5

A lot less ——→A little bit less					frustrated	A little bit more ——→A lot more				
−5	−4	−3	−2	−1	not change	1	2	3	4	5

A lot less ——→A little bit less					irritated	A little bit more ——→A lot more				
−5	−4	−3	−2	−1	not change	1	2	3	4	5

A lot less ——→A little bit less					upset	A little bit more ——→A lot more				
−5	−4	−3	−2	−1	not change	1	2	3	4	5

13. Indicate your agreement on the descriptions of museum visiting. To what extent, do you

The experience of visiting a museum	Totally not satisfied ————→Totally satisfied						
satisfy about museum visiting	1	2	3	4	5	6	7

续表

The experience of visiting a museum	Totally not satisfied ————→Totally satisfied						
feel losing sense of time during museum visiting	1	2	3	4	5	6	7
think museum provide cultural reference for understanding the world/life	1	2	3	4	5	6	7
have sense of this place (e. g. Amsterdam or Netherlands)	1	2	3	4	5	6	7
gain knowledge of this place	1	2	3	4	5	6	7
belong to this place	1	2	3	4	5	6	7
attach to this place	1	2	3	4	5	6	7

14. Indicate the importance of the following values to you in your daily life.

Value identity	Totally not important ————→Totally important						
POWER: Social status and prestige, control or dominance over people and resources	1	2	3	4	5	6	7
ACHEIVEMENT: Personal success through demonstrating competence according to social standards	1	2	3	4	5	6	7
HEDONISM: Pleasure and sensuous gratification for oneself	1	2	3	4	5	6	7
STIMILATION: Excitement, novelty, and challenge in life	1	2	3	4	5	6	7

Value identity	Totally not important ——→ Totally important						
SELF-DIRECTION: Independent thought and action—choosing, creating, exploring	1	2	3	4	5	6	7
UNIVERSALISM: Understanding, appreciation, tolerance and protection for the welfare of all people and for nature	1	2	3	4	5	6	7
BENEVOLENCE: Preservation and enhancement of the welfare of people whom one is in frequent personal contact	1	2	3	4	5	6	7
TRADITION: Respect, commitment and acceptance of the customs and ideas that traditional culture or religious provide for the self	1	2	3	4	5	6	7
CONFORMITY: Restraint of actions, inclinations and impulses likely to upset or harm other and violate social expectation or norms	1	2	3	4	5	6	7
SECURITY: Safety, harmony and stability of society, of relationships, and of self	1	2	3	4	5	6	7

The end. Thank you for your participation!

博物馆参观体验调查（中文版）

以下是关于博物馆参观体验的问题，请根据问题的陈述，尽可能准确和诚实地回答。答案并没有对错好坏之分，完全属于个人的主观判定。问卷中的所有信息都是去个人化的，且仅用于学术研究。

由于经费有限，仅将填问卷的笔赠予您，以示感谢。

再次感谢您的帮助。

1.性别　①男　②女

2.年龄_____

3.最高学历

①无　②小学　③初中　④高中　⑤大学本科及以上

4.国籍

①荷兰　②荷兰以外的欧洲国家　③非欧洲国家

5.您是来旅游的吗？

①是　②否

6.过去一年中参观博物馆的次数？

①从不　②1～2次　③3～5次　④5～8次　⑤8次以上

7.今天在博物馆待了多长时间？

①少于半小时　②半小时到一小时　③一个小时到一个半小时　④一个半小时到两个小时　⑤两个小时到两个半小时　⑥超过两个半小时

8.你第一次参观博物馆是多大的时候？_____岁。

是跟父母一起去的吗？①是　②否

9.选出你参观博物馆的两个最主要的动因。

①学习　②社交　③放松　④教育孩子　⑤观光

10.以下是关于性格特征的描述,请在相应的描述上选出符合你的特征的程度。

我是那种……的人	完全不同意	不同意	大体不同意	说不清	大体同意	同意	完全同意
不喜欢抛头露面	1	2	3	4	5	6	7
很喜欢社交	1	2	3	4	5	6	7
容易相信他人	1	2	3	4	5	6	7
轻易责备他人	1	2	3	4	5	6	7
懒散	1	2	3	4	5	6	7
工作细心尽责	1	2	3	4	5	6	7
缺乏艺术兴趣	1	2	3	4	5	6	7
容易神经过敏	1	2	3	4	5	6	7
善于处理压力	1	2	3	4	5	6	7
想象力丰富	1	2	3	4	5	6	7

11.你今天跟谁一起来的?

①朋友　②伴侣　③家人　④独自一人(跳过下面三道题)

在何种程度上,跟你同行的人……(请用百分比来衡量)									
跟你聊展品相关的话题	10%	20%	30%	40%	50%	60%	70%	80%	90%	100%
影响你对展品的理解	10%	20%	30%	40%	50%	60%	70%	80%	90%	100%
影响你参观博物馆的体验	10%	20%	30%	40%	50%	60%	70%	80%	90%	100%

12.请评价你参观完博物馆之后,在认知和情绪方面发生的改变及其程度。

减少很多──→减少一点					平静的	增加一点──→增加很多				
−5	−4	−3	−2	−1	没有变化	1	2	3	4	5

减少很多──→减少一点					抑郁的	增加一点──→增加很多				
−5	−4	−3	−2	−1	没有变化	1	2	3	4	5

减少很多──→减少一点					受启发的	增加一点──→增加很多				
−5	−4	−3	−2	−1	没有变化	1	2	3	4	5

减少很多──→减少一点					紧张的	增加一点──→增加很多				
−5	−4	−3	−2	−1	没有变化	1	2	3	4	5

减少很多──→减少一点					焦虑的	增加一点──→增加很多				
−5	−4	−3	−2	−1	没有变化	1	2	3	4	5

减少很多──→减少一点					活跃的	增加一点──→增加很多				
−5	−4	−3	−2	−1	没有变化	1	2	3	4	5

减少很多──→减少一点					不确定的	增加一点──→增加很多				
−5	−4	−3	−2	−1	没有变化	1	2	3	4	5

减少很多──→减少一点					被淹没的	增加一点──→增加很多				
−5	−4	−3	−2	−1	没有变化	1	2	3	4	5

减少很多——→减少一点					挫败的	增加一点——→增加很多				
−5	−4	−3	−2	−1	没有变化	1	2	3	4	5

减少很多——→减少一点					易怒的	增加一点——→增加很多				
−5	−4	−3	−2	−1	没有变化	1	2	3	4	5

减少很多——→减少一点					沮丧的	增加一点——→增加很多				
−5	−4	−3	−2	−1	没有变化	1	2	3	4	5

13. 以下是关于参观完博物馆之后的总体感受。请选出你在多大程度上感到……

参观博物馆的感受	非常不满意——————→非常满意						
参观博物馆是满意的	1	2	3	4	5	6	7
参观博物馆时感受不到时间的流逝（或丧失了对时间的感知）	1	2	3	4	5	6	7
博物馆是帮助你理解世界和生活的文化参考	1	2	3	4	5	6	7
对这个地方有了感觉（对阿姆斯特丹或荷兰）	1	2	3	4	5	6	7
获得了关于这个地方的知识	1	2	3	4	5	6	7
对这个地方产生了归属感	1	2	3	4	5	6	7
对这个地方产生依恋	1	2	3	4	5	6	7

14.以下是关于个人在日常生活中所奉行的价值观念的描述,请选择符合你的选项。

价值认同	完全不重要————→非常重要						
权力:追求社会地位和特权,对资源及他人的掌控	1	2	3	4	5	6	7
成就:追求社会普遍标准下的个人实力	1	2	3	4	5	6	7
享乐主义:追求感官满足与个人享乐	1	2	3	4	5	6	7
刺激:追求刺激、猎奇和挑战	1	2	3	4	5	6	7
自我导向:追求思维和行动方面的独立自主——自我选择、自我创造与自我探索	1	2	3	4	5	6	7
普世主义:为了大自然和所有人的福祉,追求相互理解、感恩与包容	1	2	3	4	5	6	7
仁爱主义:追求让身边的人过得更好	1	2	3	4	5	6	7
传统:对传统文化和宗教观念里的信条抱有笃定之心	1	2	3	4	5	6	7
遵从:克制那些可能会伤害他人感情、违反社会期待的冲动、倾向和行为	1	2	3	4	5	6	7
安全感:追求关于自我、与他人关系和社会总体的安全、和谐与稳定	1	2	3	4	5	6	7

问卷到此结束,感谢您的参与!

附录 C　参观者差异性分析

1.三类人在社会人口指标上差异的描述性统计

表 1　参观者(过去一年中从未去过博物馆)人口统计学特征

变量	最小值	最大值	均值	标准差
当前年龄	16.00	65.00	23.35	11.59
受教育程度	1.00	5.00	3.37	1.11
第一次参观时的年龄	1.00	46.00	13.91	10.66
今天停留时间	1.00	6.00	3.80	1.49

注:样本＝40;去博物馆频次划分人群＝1.00(0 次)。

表 2　参观者(过去一年中偶尔参观博物馆)人口统计学特征

变量	最小值	最大值	均值	标准差
当前年龄	14.00	59.00	25.12	10.09
受教育程度	1.00	5.00	4.23	0.93
第一次参观时的年龄	1.00	27.00	7.97	4.78
今天停留时间	1.00	6.00	4.17	1.31

注:样本＝104;去博物馆频次划分人群＝2.00(1～5 次)。

表 3　参观者(过去一年中经常参观博物馆)人口统计学特征

变量	最小值	最大值	均值	标准差
当前年龄	13.00	54.00	24.31	9.66
受教育程度	2.00	5.00	4.24	1.00
第一次参观时的年龄	1.00	20.00	7.55	4.22

续表

变量	最小值	最大值	均值	标准差
今天停留时间	1.00	6.00	4.55	1.42

注:样本＝33;去博物馆频次划分人群＝3.00(5 次以上)。

2.三类博物馆参观者在大五人格上差异的描述性统计

表 4　参观者(过去一年中从未去过博物馆)大五人格特征

人格	最小值	最大值	均值	标准差
外向性	2.00	6.50	4.39	1.028
宜人性	2.00	6.50	4.73	1.031
责任心	2.00	7.00	4.04	1.37
开放性	1.50	6.00	4.15	1.05
神经质	2.50	6.50	4.56	0.91

注:样本＝34(其余缺失);去博物馆频次划分人群＝1.00(0 次)。

表 5　参观者(过去一年中偶尔参观博物馆)大五人格特征

人格	最小值	最大值	均值	标准差
外向性	1.50	6.50	4.57	0.91
宜人性	2.50	7.00	4.62	1.13
责任心	1.50	6.50	3.98	1.20
开放性	1.50	7.00	4.22	0.98
神经质	2.00	7.00	4.73	1.03

注:样本＝104;去博物馆频次划分人群＝2.00(1～5 次)。

表 6　参观者(过去一年中经常参观博物馆)大五人格特征

人格	最小值	最大值	均值	标准差
外向性	3.00	6.50	4.94	0.982
宜人性	1.50	7.00	4.79	1.42
责任心	2.00	6.50	3.79	1.31

续表

人格	最小值	最大值	均值	标准差
开放性	3.00	6.50	4.47	0.87
神经质	3.00	6.50	4.86	1.13

注:样本＝33;去博物馆频次划分人群＝3.00（5次以上）。

3.三类博物馆参观者在社会价值观上差异的描述性统计

表 7　参观者(过去一年中从未去过博物馆)社会价值观特征

价值观	最小值	最大值	均值	标准差
权力	1.00	7.00	3.85	1.92
成就	1.00	7.00	4.88	1.65
享乐主义	1.00	7.00	4.27	1.57
刺激	3.00	7.00	5.12	0.99
自我导向	2.00	7.00	5.06	1.48
普世主义	2.00	7.00	5.15	1.30
仁爱	1.00	7.00	4.58	1.35
传统	2.00	7.00	4.30	1.57
遵从	1.00	7.00	4.60	1.62
安全感	1.00	7.00	5.39	1.71

注:样本＝34(其余缺失);去博物馆频次划分人群＝1.00（0次）。

表 8　参观者(过去一年中偶尔参观博物馆)社会价值观特征

价值观	最小值	最大值	均值	标准差
权力	1.00	7.00	3.73	1.76
成就	2.00	7.00	4.99	1.42
享乐主义	1.00	7.00	4.50	1.47
刺激	2.00	7.00	5.11	1.30
自我导向	3.00	7.00	5.50	1.11
普世主义	2.00	7.00	5.51	1.32

续表

价值观	最小值	最大值	均值	标准差
仁爱	1.00	7.00	5.06	1.43
传统	1.00	7.00	4.68	1.72
遵从	1.00	7.00	4.26	1.69
安全感	1.00	7.00	5.49	1.41

注：样本＝104；去博物馆频次划分人群＝2.00（1～5次）。

表9　参观者(过去一年中经常参观博物馆)社会价值观特征

价值观	最小值	最大值	均值	标准差
权力	1.00	7.00	3.70	1.78
成就	1.00	7.00	5.18	1.65
享乐主义	1.00	7.00	4.81	1.74
刺激	3.00	7.00	5.52	1.06
自我导向	3.00	7.00	5.94	1.12
普世主义	3.00	7.00	6.06	1.09
仁爱	2.00	7.00	5.30	1.33
传统	1.00	7.00	4.73	1.86
遵从	1.00	7.00	3.28	1.76
安全感	2.00	7.00	5.60	1.22

注：样本＝33；去博物馆频次划分人群＝3.00（5次以上）。

4.三类博物馆参观者在认知变化上差异的描述性统计

表10　参观者(过去一年中从未去过博物馆)的认知变化

认知	最小值	最大值	均值	标准差
活跃的	－5.00	5.00	0.40	2.26
受启发的	－1.00	5.00	1.68	1.33
不确定的	－5.00	5.00	－0.20	1.76
被淹没的	－5.00	5.00	0.98	1.78

注：样本＝40；去博物馆频次划分人群＝1.00（0次）。

表 11 参观者(过去一年中偶尔参观博物馆)的认知变化

认知	最小值	最大值	均值	标准差
活跃的	−4.00	5.00	0.58	1.94
受启发的	−3.00	5.00	2.21	1.65
不确定的	−5.00	4.00	−0.24	1.63
被淹没的	−4.00	5.00	0.80	1.60

注:样本=104;去博物馆频次划分人群=2.00(1~5 次)。

表 12 参观者(过去一年中经常参观博物馆)的认知变化

认知	最小值	最大值	均值	标准差
活跃的	−2.00	5.00	1.30	1.85
受启发的	0.00	5.00	3.21	1.29
不确定的	−5.00	3.00	−0.67	2.07
被淹没的	−4.00	5.00	0.97	2.17

注:样本=33;去博物馆频次划分人群=3.00(5 次以上)。

5.三类博物馆参观者在情绪变化上的差异

表 13 参观者(过去一年中从未去过博物馆)的情绪变化

情绪	最小值	最大值	均值	标准差
平静的	−4.00	4.00	1.35	1.73
抑郁的	−5.00	3.00	−0.85	1.82
紧张的	−5.00	2.00	−1.23	1.91
焦虑的	−5.00	5.00	−0.95	1.97
挫败的	−5.00	1.00	−1.29	1.80
易怒的	−5.00	4.00	−0.66	2.11
沮丧的	−5.00	2.00	−1.13	1.74

注:样本=40;去博物馆频次划分人群=1.00(0 次)。

表 14　参观者(过去一年中偶尔参观博物馆)的情绪变化

情绪	最小值	最大值	均值	标准差
平静的	−3.00	5.00	1.91	1.61
抑郁的	−5.00	4.00	−1.35	2.23
紧张的	−5.00	1.00	−1.22	1.86
焦虑的	−5.00	4.00	−0.79	1.89
挫败的	−5.00	6.00	−0.54	2.02
易怒的	−5.00	2.00	−0.99	1.83
沮丧的	−5.00	3.00	−0.97	1.85

注:样本＝104;去博物馆频次划分人群＝2.00(1～5次)。

表 15　参观者(过去一年中偶尔参观博物馆)的情绪变化

情绪	最小值	最大值	均值	标准差
平静的	−2.00	5.00	2.48	1.54
抑郁的	−5.00	4.00	−2.12	2.48
紧张的	−5.00	0.00	−2.39	2.05
焦虑的	−5.00	3.00	−1.91	2.18
挫败的	−5.00	1.00	−1.48	1.77
易怒的	−5.00	0.00	−2.21	1.95
沮丧的	−5.00	2.00	−1.91	2.34

注:样本＝33;去博物馆频次划分人群＝3.00(5次以上)。